AF275844

COLEX

eBook gratuito en COLEX Online

⊘ Acceda a la página web de la editorial **www.colex.es**

⊘ Identifíquese con su usuario y contraseña. En caso de no disponer de una cuenta regístrese.

⊘ Acceda en el menú de usuario a la pestaña «Mis códigos» e introduzca el que aparece a continuación:

RASCAR PARA VISUALIZAR EL CÓDIGO

⊘ Una vez se valide el código, aparecerá una ventana de confirmación y su eBook estará disponible en la pestaña «Mis libros» en el menú de usuario

No se admitirá la devolución si el código promocional ha sido manipulado y/o utilizado.

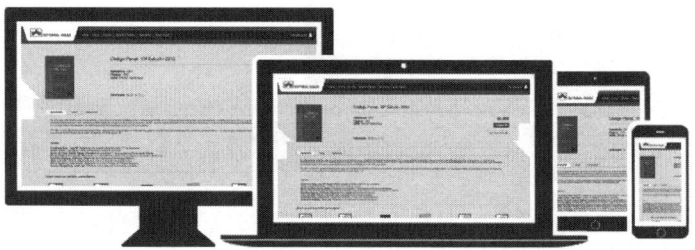

¡Gracias por confiar en Colex!

La obra que acaba de adquirir incluye de forma gratuita la versión electrónica. Acceda a nuestra página web para aprovechar todas las funcionalidades de las que dispone en nuestro lector.

Funcionalidades eBook

**Acceso desde
cualquier dispositivo**

**Idéntica visualización
a la edición de papel**

Navegación intuitiva

Tamaño del texto adaptable

Puede descargar la APP "Editorial Colex" para acceder a sus libros y a todos los códigos básicos actualizados.

Síguenos en: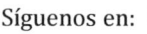

LA CONTRATACIÓN DE FAMILIARES EN TU EMPRESA

Conoce los requisitos y obligaciones para la contratación de familiares por parte del autónomo

LA CONTRATACIÓN DE FAMILIARES EN TU EMPRESA

Conoce los requisitos y obligaciones para la contratación de familiares por parte del autónomo

EDICIÓN 2024

Obra realizada por el Departamento de Documentación de Iberley

COLEX 2024

© Editorial Colex, S.L.
Calle Costa Rica, número 5, 3.º B (local comercial)
A Coruña, 15004, A Coruña (Galicia)
info@colex.es
www.colex.es

I.S.B.N.: 978-84-1194-382-6
Depósito legal: C 430-2024

SUMARIO

ANEXO I.
CASOS PRÁCTICOS

ANEXO II.
FORMULARIOS

0.
INTRODUCCIÓN Y NORMATIVA APLICABLE

La contratación de familiares por parte de trabajadores autónomos o empresas en las que la persona empleadora es socia o administradora es una práctica común, no obstante, tanto el Estatuto de los Trabajadores (ET) como la Ley del Estatuto del Trabajador Autónomo (LETA) o la Ley General de la Seguridad Social (LGSS) no regulan esta posibilidad de forma directa.

Con carácter general, la decisión de contratar a un familiar en nuestra empresa pasará por encuadrarlo **como autónomo colaborador o como asalariado ordinario** en función de factores como el grado de consanguinidad, la convivencia y la dependencia económica. La elección entre ambas figuras laborales históricamente ha causado dudas dada la disparidad de posibles situaciones y el criterio, generalmente restrictivo, que aplica la Tesorería General de la Seguridad Social (TGSS).

A modo introductorio, e intentando ya desde el principio que el lector tenga claros **ciertos aspectos que necesariamente iremos repitiendo,** podemos estandarizar:

1. En un primer análisis será fundamental conocer la **modalidad en la que el autónomo titular o el empresario ejerce la actividad empresarial.** El encuadramiento en la Seguridad Social de administradores y socios, se encuentra regulado, de una forma un tanto engorrosa a nuestro entender, en los arts. 136 y 305 de la Ley General de la Seguridad Social. Teniendo en cuenta esta regulación, el encuadramiento de este colectivo en el RGSS o RETA se realiza en función del porcentaje de participación que tengan en la empresa y de las funciones que realizan para las mismas. Este será el primer factor que influye en cómo pueda contratar a cualquier familiar.

2. La contratación de familiares directos es posible, pero será necesario determinar si estos actuarán como **autónomos colaboradores o como asalariados.** Para esto será necesario atender a diversos factores, **no existe un criterio único.**

3. Para poder ser dado de alta como **autónomo colaborador**, la LETA no establece requisitos demasiado complicados: ha de tratarse de un familiar directo del trabajador autónomo titular que trabaja con él. No obstante, esta figura (autónomo colaborador) presenta luces y sombras tanto a nivel laboral como de seguridad social o fiscales. Algunas de las que analizaremos serán:

   - Ha de tratarse de un familiar hasta segundo grado de consanguinidad, afinidad o adopción.

   - Debe darse una prestación de servicios habitual.

   - El autónomo colaborador no puede estar dado de alta como trabajador por cuenta ajena.

   - Se establece (con cierta controversia dada la diferente redacción del art. 35 de la LETA y el art. 12 de la LGSS) la obligación de convivencia en el mismo hogar o dependencia económicamente del autónomo titular.

   - En caso de parejas de hecho la interpretación restrictiva inicial ha ido modificándose con las distintas reformas hasta aceptar la posibilidad de contratación bajo esta figura.

   - En el supuesto de un autónomo societario que ejerza su actividad a través de su sociedad limitada la posibilidad de recurrir a esta figura es confusa.

   - Para la Seguridad Social se trata de un trabajador por cuenta propia a todos los efectos. Es decir, cotizan en el Régimen Especial de Trabajadores Autónomos (RETA) bajo su responsabilidad.

   - Para la Agencia Tributaria esta figura se contempla de forma similar a un trabajador por cuenta ajena (tributan como rendimientos del trabajo y no como actividad económica): no están obligados a declarar IVA y no realizan pagos fraccionados de IRPF.

4. Para que el autónomo pueda contratar a un familiar como **asalariado en el RGSS** será necesario poder demostrar que no existe convivencia ni dependencia económica:

   - Como mínimo, será necesario acreditar la relación laboral con un contrato, el pago de un salario, la realización de funciones en base a una categoría profesional, cumplimiento de un horario, etc. Sobre este aspecto debemos tener siempre presente que cabe el trabajo por cuenta ajena entre parientes que conviven, pero se debe romper la presunción de no laboralidad (STSJ de Asturias n.º 1634/2013, de 6 se septiembre, ECLI:ES:TSJAS:2013:2753).

   - La TGSS suele permitir —al menos de inicio— el alta como trabajador por cuenta ajena, no obstante, cuando termina la relación laboral, es cuando se revisarán exhaustivamente si ha prestado servicios como trabajador por cuenta ajena para lucrar la prestación por desempleo. Existe abundante doctrina en la que la ausencia de pruebas sobre la retribución percibida (no constan nóminas, transferencias bancarias, declaraciones de la renta, etc.) impiden hablar de una trabajadora por cuenta ajena y, por tanto, que pueda estar protegida de la contingencia de desempleo.

- Existe ciertas **excepciones** que permitirán la contratación por cuenta ajena:

  » Los hijos menores de 30 años pueden ser contratados como asalariados incluso si conviven con el autónomo titular.

  » Los familiares de tercer grado o más deben ser contratados como trabajadores por cuenta ajena y no como autónomos colaboradores.

- Los trabajos que se ejecuten ocasionalmente no darán lugar a la inclusión en el Régimen General (art. 137 de la LGSS).

CUESTIÓN

Una persona empleadora pretende contratar como trabajador ordinario a su hijo por lo que firman un contrato laboral, ¿cómo influye las características de la prestación de servicios en la contratación al existir una relación familiar?

La relación laboral entre un empresario y un familiar se presume no laboral, esto supone que serán las características de la prestación laboral, junto con la existencia de dependencia, voluntariedad, ajenidad y remuneración —y no el contrato firmado — lo que determine la regulación jurídica de la prestación de servicios.

JURISPRUDENCIA

STS, rec. 1628/2011, de 13 de junio de 2012, ECLI:ES:TS:2012:4672

Compendia la doctrina jurisprudencial al respecto, argumentando que «(...) por supuesto cabe trabajo por cuenta ajena entre parientes que comparten el mismo techo. Pero si el parentesco es muy próximo y existe convivencia con el empresario, la ley ha establecido una presunción iuris tantum a favor del trabajo familiar no asalariado que se aparta expresamente de la presunción de laboralidad establecida en el artículo 8.1 (sic) del ET. A la luz de ese razonamiento se ha llegado a la conclusión estimatoria de la pretensión en las sentencias citadas de 25 de noviembre y 19 de diciembre de 1997 y 19 de abril de 2000 (RCUD núm. 771/1997, 1048/1997 y 770/1999) y desestimatoria en las sentencias de 29 de octubre de 1990 y 13 de marzo de 2001 (Rec. núm. 57/1990 y RCUD núm. 1971/2000)».

STS, rec. 771/1997, de 25 de noviembre de 1997, ECLI:ES:TS:1997:7104

«(...) tanto el art. 1.3 e) del ET, como el art. 7.2 de la LGSS, contienen una presunción iuris tantum de no laboralidad de las relaciones de prestación de servicios entre los parientes que enumera. No puede por tanto realizarse una aplicación de dichos preceptos que desnaturalice su esencia de presunción susceptible de prueba en contrario, para transformarla en presunción iuris et de iure. Cuando se acredite la condición de asalariado del familiar, ha de serle reconocida la de trabajador por cuenta ajena. El Tribunal Constitucional, en sentencias 79/1991 y 2/1992, ya declaró que es contrario al principio de igualdad excluir del ámbito laboral unas relaciones jurídicas por el sólo hecho de ser parientes sus titulares».

La **normativa aplicable** para responder a la pregunta de si como empresario puedo contratar a un familiar requiere la interpretación de diferente regulación sobre los trabajos familiares que iremos desarrollando. A título enunciativo y no exhaustivo:

- Arts. 1.3 e) y 8 del Real Decreto Legislativo 2/2015, de 23 de octubre, por el que se aprueba el texto refundido de la Ley del Estatuto de los Trabajadores (ET).

- Ley 20/2007, de 11 de julio, del Estatuto del trabajo autónomo (LETA).

- Real Decreto-ley 13/2022, de 26 de julio, por el que se establece un nuevo sistema de cotización para los trabajadores por cuenta propia o autónomos y se mejora la protección por cese de actividad.

- Arts. 12, 136-137 y 305-350 del Real Decreto Legislativo 8/2015, de 30 de octubre, por el que se aprueba el texto refundido de la Ley General de la Seguridad Social (LGSS).

- Decreto 2530/1970, de 20 de agosto, por el que se regula el régimen especial de la Seguridad Social de los trabajadores por cuenta propia o autónomos.

- Real Decreto 84/1996, de 26 de enero, por el que se aprueba el Reglamento General sobre inscripción de empresas y afiliación, altas, bajas y variaciones de datos de trabajadores en la Seguridad Social.

- Real Decreto Legislativo 5/2000, de 4 de agosto, por el que se aprueba el texto refundido de la Ley sobre Infracciones y Sanciones en el Orden Social.

1.
MODALIDAD EN LA QUE SE EJERCE LA ACTIVIDAD EMPRESARIAL: ¿CUÁL ES MI SITUACIÓN A LA HORA DE CONTRATAR?

La contratación de familiares por autónomos o empresas implica considerar factores como grado de consanguinidad, convivencia y dependencia económica. No obstante, antes de analizarlos, veremos cómo influye la situación del propio autónomo respecto a la empresa.

1.1. Concepto de empresario, trabajador por cuenta ajena, familiar y parentesco

El empresario puede ser una persona física o jurídica que emplea a trabajadores. En el ámbito de la Seguridad Social, se considera empresario a quien emplea a trabajadores por cuenta ajena. En el ámbito mercantil, el empresario es quien realiza una actividad comercial, industrial o de servicio. En el ámbito laboral, se considera empresario a quien recibe un servicio retribuido.

Concepto de empresario en el ámbito de la Seguridad Social

A sensu contrario de la definición de trabajador realizada por el art. 1.1 del Estatuto de los Trabajadores, en el ámbito laboral, entenderemos por empleador o empresario, a la persona física o jurídica (o comunidades de bienes) para la que prestan servicios voluntarios y retribuidos por cuenta ajena —y dentro de su ámbito de organización y dirección— las personas trabajadoras.

A efectos de lo dispuesto en el Reglamento General sobre inscripción de empresas y afiliación, altas, bajas y variaciones de datos de trabajadores en la Seguridad Social, se considera empresario, aunque su actividad no esté motivada por ánimo de lucro, a toda persona física o jurídica, pública o privada, a la que presten sus servicios, con la consideración de trabajadores por cuenta ajena o asimilados, las personas comprendidas en el campo de aplicación de cualquier Régimen de los que integran el sistema de la Seguridad Social (art. 12 del Real Decreto 84/1996, de 26 de enero).

Concepto de empresario en el ámbito mercantil

Un empresario mercantil es una persona física o jurídica de naturaleza privada que actúa en nombre propio y realiza para el mercado una actividad comercial, industrial o de servicio. Este estatus público obliga al empresario a inscribirse en el registro mercantil, llevar una contabilidad ajustada al código de comercio y estar sometido a un régimen concursal especial

El Código de Comercio español no proporciona una definición explícita de empresario, sino que enumera los sujetos mercantiles (el comerciante individual y el empresario social o sociedades mercantiles) y define el concepto de comerciante en su artículo 1.

Concepto de empresario en el ámbito laboral

Además de la presunción iuris tantum de laboralidad que el art. 8 del ET atribuye a la relación existente entre quien presta un servicio retribuido y quien lo recibe, el art. 1.1 del ET delimita, desde el punto de vista positivo, la relación laboral, calificando de tal la prestación de servicios con carácter voluntario cuando concurran, además de dicha voluntariedad, tres notas que también han sido puestas reiteradamente de manifiesto por la jurisprudencia, cuales son, la ajenidad en los resultados, la dependencia en su realización y la retribución de los servicios.

‖ Empresario persona física: autónomo clásico

El Título I de la Ley 20/2007, de 11 de julio, del Estatuto del trabajo autónomo, delimita el ámbito subjetivo de aplicación de la Ley, estableciendo la definición genérica de trabajador autónomo y añadiendo los colectivos específicos incluidos y excluidos. Los arts. 1.1 y 2.2.c) de la LETA, así como el art. 305.2.b) de la LGSS que regulan el ámbito del trabajo autónomo y su inclusión en el Régimen Especial de la Seguridad Social de los Trabajadores Autónomos, distinguen claramente entre la regla general, que caracteriza al «autónomo clásico» e incluye a las personas físicas, mayores de edad, que realicen de forma habitual, personal y directa, por cuenta propia y fuera del ámbito de dirección y organización de otra persona, una actividad profesional a título lucrativo, den o no ocupación a otros trabajadores, de las demás modalidades del trabajo autónomo, que se han ido integrando en el RETA a lo largo del tiempo.

Por consiguiente, el autónomo clásico, al trabajar por «cuenta propia», asume con su patrimonio personal todas las deudas de su negocio, incluidos salarios y cotizaciones de la Seguridad Social, respondiendo con sus bienes presentes y futuros.

|| Trabajador autónomo titular

Esta expresión se acuñó para referirse al autónomo persona física titular de una explotación o negocio.

A lo largo de la obra haremos referencia al trabajador autónomo titular. Se considera autónomo (titular) o trabajador por cuenta propia toda aquella persona física que realiza de forma habitual, personal y directa, una actividad económica a título lucrativo sin estar sujeta a un contrato de trabajo, aunque eventualmente utilice el servicio remunerado de otras personas.

|| Empresario persona jurídica: administrador o socio

Los trabajadores autónomos que sean socios de sociedades de capital, «ya se trate de empresas de responsabilidad limitada o anónima y aun cuando se trate de sociedades unipersonales, por cuanto que en tal supuesto tampoco estamos ante la constitución de un empresario como persona física, sino ante una sociedad de capital formada por un único socio, bien porque así se ha constituido desde el inicio o porque en el devenir de los hechos el número de socios haya quedado reducido a uno, tal y como se recoge en el artículo 12 de la Ley de Sociedades de Capital, aprobada por Real Decreto Legislativo 1/2010, de 2 de julio» (STSJ de Madrid n.º 576/2019, de 7 de octubre, ECLI:ES:TSJM:2019:9277), en virtud de lo dispuesto en el art. 305 de la Ley General de la Seguridad Social, deben encuadrarse en el RETA cuando proceda.

De esta manera, se considera como trabajadores autónomos a quienes ejerzan las funciones de dirección y gerencia propias del cargo de consejero o administrador, o presten otros servicios a título lucrativo y de forma habitual, personal y directa para una sociedad de capital, siempre que tengan el control efectivo de ésta, ya sea directo o indirecto.

El art. 1.2.c) de la LETA incluye en ese ámbito subjetivo a:

> «c) Quienes ejerzan las funciones de dirección y gerencia que conlleva el desempeño del cargo de consejero o administrador, o presten otros servicios para una sociedad mercantil capitalista, a título lucrativo y de forma habitual, personal y directa, cuando posean el control efectivo, directo o indirecto de aquélla, en los términos previstos en la disposición adicional vigésima séptima del texto refundido de la Ley General de la Seguridad Social aprobado por Real Decreto Legislativo 1/1994, de 20 de junio (actualmente art. 305 del Real Decreto Legislativo 8/2015, de 30 de octubre)».

Dentro de los autónomos societarios podemos distinguir a los socios administradores (que cotizarán al RETA si administran la sociedad o controlan más del 25 % del capital de la misma) o aquellos que no ejercer labor directiva (que cotizarán al RGSS en ciertos casos).

CUESTIÓN

¿Cuál es la diferencia entre un autónomo «persona física» y un autónomo societario?

Respecto a los riesgos del negocio: el autónomo clásico realiza su actividad profesional o económica de forma habitual personal y directa por su propia cuenta,

---

asumiendo, por tanto, el riesgo y ventura en el devenir de su negocio. Por el contrario, el autónomo societario realiza también funciones de dirección o gerencia propios del cargo de consejero o administrador u otros servicios, a título lucrativo, de forma personal, habitual y directa, pero no lo hace por cuenta propia, sino para la sociedad de capital, que es quien corre exclusivamente con los riesgos del negocio, como se expresa literalmente en los preceptos examinados. (STS n.º 842/2021, de 23 de julio de 2021, ECLI:ES:TS:2021:3264)

El art. 2.2.c) de la LETA y el art. 305.2.2.b) de la LGSS dejan perfectamente claro que las actividades realizadas por el autónomo societario se desempeñan para la sociedad.

Respecto a la responsabilidad patrimonial: cuando el denominado «autónomo clásico» ejerce su actividad como persona física afecta a su responsabilidad patrimonial. Estos responden de sus deudas, incluidas las salariales con los trabajadores contratados y las cotizaciones a la Seguridad Social, con todos sus bienes presentes y futuros (art. 1911 del Código Civil), asumiendo personalmente el riesgo y ventura de la actividad empresarial.

Por el contrario, el citado consejero o administrador de una sociedad mercantil se beneficia de la limitación de la responsabilidad societaria, que en principio no afecta a su patrimonio personal, sin que él suscriba contrato alguno con ningún trabajador (en todo caso, lo suscribe representando a la empresa), ni responda de las deudas salariales, ni de las cotizaciones a la Seguridad Social derivadas del alta en la Seguridad Social del trabajador contratado por la mercantil. (STS n.º 506/2023, de 12 de julio de 2023, ECLI:ES:TS:2023:3376).

A efectos normativos: el art. 305 de la LGSS y el art. 1 de la LETA diferencian:

1. En su apartado 1 definen a los trabajadores autónomos como a «las personas físicas que realicen de forma habitual, personal, directa, por cuenta propia y fuera del ámbito de dirección y organización de otra persona, una actividad económica o profesional a título lucrativo».

2. En su apartado 2, que incluye los autónomos societarios, dichas normas establecen:

   a) El art. 305.2 de la LGSS dispone: «A los efectos de esta ley se declaran expresamente comprendidos en este régimen especial».

   b) El art. 2.2 de la LETA estatuye: «Se declaran expresamente comprendidos en el ámbito de aplicación de esta Ley, siempre que cumplan los requisitos a los que se refiere el apartado anterior».

Se trata de sendas ampliaciones del ámbito del RETA y de la LETA que mencionan supuestos muy heterogéneos distintos del concepto legal de trabajador autónomo establecido en el apartado primero de ambas normas, incluyendo entre ellos a los autónomos societarios. (STS n.º 1070/2023, de 30 de noviembre del 2023, ECLI:ES:TS:2023:5357).

Cooperativa o sociedades laborales

En el régimen en que figuren encuadrados los **socios de trabajo de las sociedades cooperativas,** así como los socios trabajadores de las de trabajo asociado en cuyos estatutos se haya optado por asimilar a sus socios trabajadores a trabajadores por cuenta ajena, y los socios trabajadores de las de explotación comunitaria de la tierra, corresponderá a la cooperativa la obligación que en materia de Seguridad Social se atribuye al empresario.

Concepto de familia y parentesco

Según la definición dada por la RAE por familia se entiende «grupo de personas emparentadas entre sí que viven juntas o conjunto de ascendientes, descendientes, colaterales y afines de un linaje». Mientras que, por parentesco, la RAE nos ofrece la siguiente definición «Vínculo por consanguinidad, afinidad, adopción, matrimonio u otra relación estable de afectividad análoga a esta».

En un **sentido jurídico amplio**, la familia debe ser concebida como un conjunto de personas unidas bien por el vínculo del matrimonio, o por los vínculos de parentesco. Por ello, la familia puede englobar tres órdenes de relaciones, entre las que se encuentran las de carácter paterno-filiar, conyugales y parentales.

Ligado con el concepto de familia, nos encontramos con la institución de **parentesco.** Cabe diferenciar a este respecto, el parentesco de consanguinidad, que es aquel que surge entre personas que tienen un ascendiente común, y el parentesco de afinidad, que es el que se establece entre un cónyuge y los parientes por consanguinidad del consorte.

En lo referente al **parentesco,** este encuentra regulación en los artículos 915-923 del Código Civil. Cabe destacar en este sentido la idea de «grado», que es definido como la distancia que hay entre dos personas que descienden una de la otra, denominando a esta circunstancia, generación, y el término «línea». A tenor del artículo 916 del Código Civil, es preciso diferenciar entre línea directa y colateral. Se entiende línea directa, la constituida por la serie de grados entre personas que descienden una de otra. Por su parte, la línea colateral, es la constituida por la serie de grados entre personas que no descienden unas de otras, pero que proceden de un tronco común. La proximidad del parentesco se va a determinar en atención al número de generaciones, formando cada una un grado.

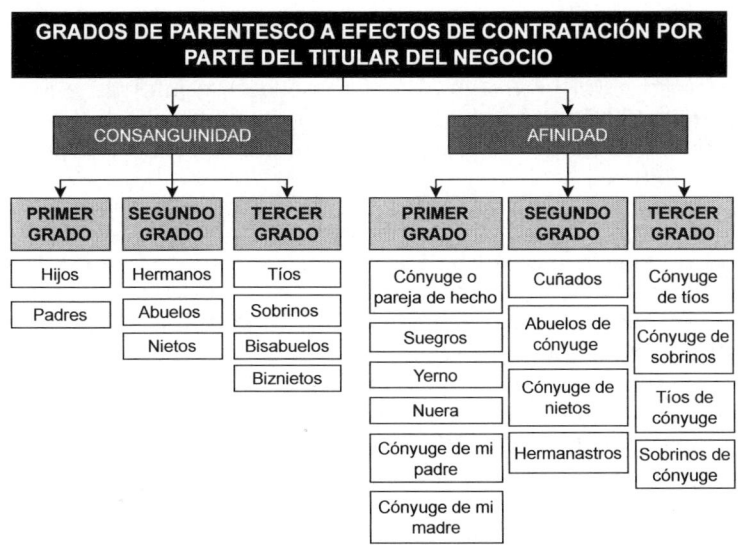

GRADOS DE PARENTESCO A EFECTOS DE CONTRATACIÓN POR PARTE DEL TITULAR DEL NEGOCIO					
CONSANGUINIDAD			AFINIDAD		
PRIMER GRADO	SEGUNDO GRADO	TERCER GRADO	PRIMER GRADO	SEGUNDO GRADO	TERCER GRADO
Hijos	Hermanos	Tíos	Cónyuge o pareja de hecho	Cuñados	Cónyuge de tíos
Padres	Abuelos	Sobrinos	Suegros	Abuelos de cónyuge	Cónyuge de sobrinos
	Nietos	Bisabuelos	Yerno	Cónyuge de nietos	Tíos de cónyuge
		Biznietos	Nuera		
			Cónyuge de mi padre	Hermanastros	Sobrinos de cónyuge
			Cónyuge de mi madre		

* Se incluyen la figura de las **parejas de hecho** como concepto asimilable al cónyuge.

Desde el punto de la vista analizado para esta obra —y al que nos veremos obligados a recurrir continuamente—, debemos tener presente la diferencia entre familiar del empresario y trabajos familiares y las distintas regulaciones en la materia:

- El art. 1.3.e) del ET excluye la existencia de relación laboral cuando los servicios se prestan para el empresario por sus descendientes, salvo que se acredite la condición de asalariado y el mismo precepto establece la presunción contraria a la existencia de relación laboral, cuando existe convivencia.

- De forma paralela a la regulación precitada del ET, el art. 12.1 de la LGSS establece: «A efectos de lo dispuesto en el artículo 7.1, no tendrán la consideración de trabajadores por cuenta ajena, salvo prueba en contrario, el cónyuge, los descendientes, ascendientes y demás parientes del empresario, por consanguinidad o afinidad hasta el segundo grado inclusive y, en su caso, por adopción, ocupados en su centro o centros de trabajo, cuando convivan en su hogar y estén a su cargo».

- La D.A. 10.ª de la LETA se ha limitado a destruir la presunción 'iuris tantum' de no laboralidad de la relación existente entre el hijo y el trabajador autónomo que le contrata cuando convive con él, pero en nada ha alterado la situación contemplada en el artículo 1.3 e) del ET respecto a la existencia de relación laboral, tanto en los supuestos de convivencia si se demuestra la condición de asalariado del familiar, como en los supuestos de no convivencia, en los que no existe la presunción de que dicha relación es la de «trabajos familiares».

- Por su parte, el art. 305.2.k) de la LGSS, establece que estarán obligatoriamente incluidos en el RETA: «El cónyuge y los parientes del trabajador por cuenta propia o autónomo que, conforme a lo señalado en el artículo 12.1 y en el apartado 1 de este artículo, realicen trabajos de forma habitual y no tengan la consideración de trabajadores por cuenta ajena».

- Por último, el artículo 3.b) del Decreto 2530/1970, de 20 de agosto, por el que se regula el RETA, dice así: «Estarán obligatoriamente incluidos en este régimen especial de la Seguridad Social los españoles mayores de dieciocho años, cualquiera que sea su sexo y estado civil, que a continuación se determinan: (..) Segundo. El cónyuge y los parientes por consanguinidad o afinidad hasta el tercer grado, inclusive, de los trabajadores determinados en el punto anterior que de forma habitual, personal y directa colaboren con ellos mediante la realización de trabajos en la actividad de que se trate, siempre que no tengan la condición de asalariados respecto a aquéllos y cumplan los requisitos señalados en el apartado b) de dicho punto».

1.2. Empresario persona física: autónomo clásico

Históricamente, los trabajadores por cuenta propia o autónomos se definían como aquellos que realizan una actividad económica, con fines lucrativos y sin contrato de trabajo (aunque utilice el servicio remunerado de otras personas) por cuenta propia y de manera habitual, personal y directa. Presumiendo que lo es (art. 2 del Decreto 2530/1970, de 20 de agosto) todo titular de establecimientos abiertos al público como propietario, arrendatario, usufructuario o similar. No obstante, la Ley 20/2007, de 11 de julio, del Estatuto del trabajo autónomo, actualizó la definición de la siguiente manera:

> «Personas físicas que realicen de forma habitual, personal, directa, por cuenta propia y fuera del ámbito de dirección y organización de otra persona, una actividad económica o profesional a título lucrativo, den o no ocupación a trabajadores por cuenta ajena».

Del mismo modo, quedarán igualmente incluidos dentro del ámbito de aplicación del Estatuto del trabajo autónomo, aquellos trabajos realizados de forma habitual por familiares de las personas definidas en el primer párrafo del art. 1.1 del Estatuto del trabajo autónomo que no tengan la condición de trabajadores por cuenta ajena (art. 1.1 del Estatuto del trabajo autónomo y art. 1.3.e) del Estatuto de los Trabajadores).

Otra definición distinta de trabajador autónomo la apunta el art. 3 de la Ley 32/2006, de 18 de octubre, reguladora de la subcontratación en el Sector de la Construcción, definiéndolo como «la persona física distinta del contratista y del subcontratista, que realiza de forma personal y directa una actividad profesional, sin sujeción a un contrato de trabajo, y que asume contractualmente ante el promotor, el contratista o el subcontratista el compromiso de realizar determinadas partes o instalaciones de la obra».

Sin perjuicio de la aplicación de sus respectivas normas específicas se declaran expresamente comprendidos en el ámbito dentro del Régimen Especial de Trabajadores Autónomos (art. 1 del Decreto 2530/1970, de 20 de agosto y art. 1 de la Ley 20/2007, de 11 de julio):

- Trabajadores que, de forma habitual, personal y directa, realizan una actividad económica a título lucrativo, sin sujeción a contrato de trabajo (art. 7.1 de la LGSS).

- El cónyuge y los parientes del trabajador por cuenta propia o autónomo que realicen trabajos de forma habitual y no tengan la consideración de trabajadores por cuenta ajena (art. 12 de la LGSS).

- Los trabajadores autónomos extranjeros, siempre que residan y ejerzan legalmente su actividad laboral en España.

- Los trabajadores incluidos en el Sistema Especial para Trabajadores por cuenta propia agrarios.

- Quienes ejerzan una actividad por cuenta propia, en las condiciones establecidas en esta ley y en el Decreto 2530/1970, de 20 de agosto, por el que se regula el régimen especial de la Seguridad Social de los trabajadores por cuenta propia o autónomos, que requiera la incorporación a un colegio profesional cuyo colectivo no hubiera sido integrado en el Régimen Especial de la Seguridad Social de los Trabajadores por Cuenta Propia o Autónomos, se entenderán incluidos en el campo de aplicación del mismo, debiendo solicitar, en su caso, la afiliación y, en todo caso, el alta en dicho régimen en los términos reglamentariamente establecidos (D.A. 18.ª de la LGSS).

- Los socios de sociedades regulares colectivas y socios colectivos de sociedades comanditarias que reúnan los requisitos legales.

- Los socios trabajadores de las cooperativas de trabajo asociado, cuando sus socios opten por este régimen en los estatutos (art. 144 de la LGSS).

- Los socios trabajadores de las cooperativas de trabajo asociado dedicados a la venta ambulante que perciban ingresos directamente de los compradores (art. 305.2 l) de la LGSS).

- Los comuneros de las comunidades de bienes y los socios de sociedades civiles irregulares, salvo que su actividad se limite a la mera administración de los bienes puestos en común.

- Quienes ejerzan las funciones de dirección y gerencia que conlleva el desempeño del cargo de consejero o administrador, o presten otros servicios para una sociedad de capital, a título lucrativo y de forma habitual, personal y directa, siempre que posean el control efectivo, directo o indirecto, de aquella. Se entenderá, en todo caso, que se produce tal circunstancia, cuando las acciones o participaciones del trabajador supongan, al menos, la mitad del capital social (arts. 136 y 305 de la LGSS).

- Los trabajadores autónomos económicamente dependientes (capítulo III, título II, de la Ley 20/2007, de 11 de julio).

- Administrador ejecutivo de una sociedad de responsabilidad limitada que es titular del 100 por 100 del capital social, aun cuando no perciba remuneración por sus funciones (STS, rec. 363/2004, de 24 de enero de 2005, ECLI:ES:TS:2005:243).

- Los socios trabajadores de las sociedades laborales cuando su participación en el capital social, junto con la de su cónyuge y parientes por consanguinidad, afinidad o adopción hasta el segundo grado con los que convivan, alcance, al menos, el 50 por ciento, salvo que acrediten que el ejercicio del control efectivo de la sociedad requiere el concurso de personas ajenas a las relaciones familiares.

- Los escritores de libros (RD 2621/1986, de 24 de diciembre).

- Miembros del cuerpo único de notarios y cuerpo de registradores de la propiedad, mercantiles y de bienes muebles, así como los del cuerpo de aspirantes.

- Las personas incluidas en el ámbito de aplicación de la Ley 55/2003, de 16 de diciembre, del Estatuto Marco del personal estatutario de los servicios de salud, que presten servicios, a tiempo completo, en los servicios de salud de las diferentes comunidades autónomas o en los centros dependientes del Instituto Nacional de Gestión Sanitaria, por las actividades complementarias privadas que realicen y que determinen su inclusión en el sistema de la Seguridad Social.

> **A TENER EN CUENTA.** A pesar de que la LETA no hace referencia a la necesidad de ser mayor de edad para causar alta en el RETA, el apdo. 1 b) del art. 7 de la LGSS y el art. 305 de la LGSS, en relación con la extensión del campo de aplicación del sistema de la Seguridad Social, incluye a los «trabajadores por cuenta propia o autónomos, sean o no titulares de empresas individuales o familiares, mayores de dieciocho años, que reúnan los requisitos que de modo expreso se determinen en esta ley y en su normativa de desarrollo».

Se presumirá, salvo prueba en contrario, que el trabajador posee el control efectivo de la sociedad cuando concurra alguna de las siguientes circunstancias: 1.º que, al menos, la mitad del capital de la sociedad para la que preste sus servicios esté distribuido entre socios con los que conviva y a quienes se encuentre unido por vínculo conyugal o de parentesco por consanguinidad, afinidad o adopción, hasta el segundo grado; 2.º que su participación en el capital social sea igual o superior a la tercera parte del mismo; 3.º que su participación en el capital social sea igual o superior a la cuarta parte del mismo, si tiene atribuidas funciones de dirección y gerencia de la sociedad. En los supuestos en que no concurran las circunstancias anteriores, la Administración podrá demostrar, por cualquier medio de prueba, que el trabajador dispone del control efectivo de la sociedad.

JURISPRUDENCIA

STS, rec. 1683/2003, de 7 de mayo de 2004, ECLI:ES:TS:2004:3104

Inclusión en el RETA de administrador aunque los estatutos sociales afirman que el cargo no es remunerado.

RESOLUCIONES RELEVANTES

STSJ de Aragón n.º 193/2015, de 27 de marzo de 2015, ECLI:ES:TSJAR:2015:354

«(...) en los supuestos de alta indebida en un Régimen del Sistema, es que la nueva alta será "válida hasta la fecha que se fije en la resolución administrativa que declare indebida el alta anterior". Con criterio que nosotros compartimos, y hemos aplicado habitualmente, la antedicha sentencia dice que "en suma, el criterio que debe guiar la fijación de la fecha de efectos es la constatación real del incorrecto encuadramiento. O si se quiere, el alta real debe ser prevalente al alta formal y, por lo tanto, la fecha de efectos de la nueva alta debe ser aquella (sic) en la que se constate la realidad del incorrecto encuadramiento"».

STS, rec. 2792/2001, de 22 de noviembre de 2006, ECLI:ES:TS:2006:8727

«(...) la Seguridad Social procedió a realizar el cambio de encuadramiento del actor, en virtud de actuación previa inspectora, supuesto, incardinable en el mandato

legal antes transcrito (art. 55 del Real Decreto 84/1996 de 26 de enero), por lo que fue correcta la resolución de la Tesorería, en cuanto a que este organismo tenía competencia legal para adoptar el acuerdo».

STS n.º 670/2018, de 24 de abril de 2018, ECLI:ES:TS:2018:1538

Tratando el alta de oficio en el RETA:

«(...) la inclusión en el régimen especial de autónomos de quienes desempeñen el cargo de consejero o administrador de una sociedad capitalista exige:

A) el ejercicio de funciones de dirección y gerencia o la prestación de servicios, a título lucrativo y de forma habitual, personal y directa; y,

B) tener el control efectivo, directo o indirecto, de aquella, cuestión respecto de la que la norma legal dice "que se entenderá, en todo caso, que se produce tal circunstancia, cuando las acciones o participaciones del trabajador supongan, al menos, la mitad del capital social"».

Trabajador autónomo titular

Las personas trabajadoras autónomas «clásicas» se asociarán a lo largo de la obra al trabajador autónomo titular. Entendido esta figura como la persona física que realiza de forma habitual, personal, directa, por cuenta propia y fuera del ámbito de dirección y organización de otra persona, una actividad económica o profesional a título lucrativo (tenga o no trabajadores contratados por cuenta ajena).

Al desempeñar una profesión integrada en el RETA, siendo titular del negocio, la persona cuenta con unas posibilidades de autoorganización del trabajo entre las que se encuentra, sujeta a los criterios que analizaremos, la contratación por cuenta ajena de ciertos familiares.

Autónomo colaborador

Un autónomo colaborador es un familiar directo del trabajador autónomo titular que convive y trabaja para él. Para la Seguridad Social, los requisitos para cotizar como autónomo colaborador son:

a) **Familiar directo**: cónyuge, descendientes, ascendientes y demás parientes del empresario, por consanguinidad o afinidad hasta el segundo grado inclusive y, en su caso, por adopción.

b) Que estén ocupados en su centro o centros de trabajo **de forma habitual**. No debe tratarse de una colaboración puntual.

c) Que **convivan en su hogar y estén a su cargo**.

d) Que **no estén dados de alta como trabajadores por cuenta ajena**.

> **A TENER EN CUENTA.** En el Estatuto del Trabajo Autónomo se establece que los menores de 16 años no podrán ejecutar trabajo autónomo ni actividad profesional en general, y por tanto tampoco para sus familiares.

A pesar de que la redacción del actual art. 35 de la LETA no establece la necesidad de que el familiar colaborador conviva y esté al cargo del titular del negocio, el requisito en base al art. 12 de la LGSS y ante el vacío normativo de convivencia y dependencia continúa siendo aplicable.

Sobre la **obligación de cotizar del autónomo colaborador**:

- El art. 3 del RD 2530/1970, dispone que «Estarán **obligatoriamente incluidos en este Régimen Especial de la Seguridad** Social los españoles mayores de dieciocho años, cualquiera que sea su sexo y su estado civil, que residan y ejerzan normalmente su actividad en el territorio nacional y se hallen incluidos en alguno de los apartados siguientes: (...) a) Los trabajadores por cuenta propia o autónomos, sean o no titulares de Empresas individuales o familiares. b) El cónyuge y los parientes por consanguinidad o afinidad hasta el tercer grado inclusive de los trabajadores determinados en el número anterior que, de forma habitual, personal y directa, colaboren con ellos mediante la realización de trabajos en la actividad de que se trate, siempre que no tengan la condición de asalariados respecto a aquéllos».

- El art. 43 del Real Decreto 2064/1995, de 22 de diciembre, titulado «Elementos de la obligación de cotizar: sujetos, bases y tipo», dispone: «1. En el Régimen Especial de los Trabajadores por Cuenta Propia o Autónomos son sujetos de la obligación de cotizar las personas que, en razón de su actividad, se encuentran obligatoriamente incluidas en su campo de aplicación». No obstante, a pesar de que el autónomo colaborador el responsable directo de la obligación de cotizar por sí mismo, el **autónomo titular es responsable subsidiario** respecto de la obligación de cotizar. (STSJ de Cataluña n.º 308/2018, de 19 de enero de 2018, ECLI:ES:TSJCAT:2018:187).

- Los familiares de las personas trabajadoras por cuenta propia o autónomas incluidas en este régimen especial al amparo de lo establecido en el art. 305.2.k) de la LGSS no podrán elegir una base de cotización mensual inferior a aquella que determine la correspondiente Ley de Presupuestos Generales del Estado como base de cotización mínima para contingencias comunes para los trabajadores incluidos en el Régimen General de la Seguridad Social del grupo de cotización 7 (art. 44.3.b) del Real Decreto 2064/1995, de 22 de diciembre, D.T. 7.ª Real Decreto-ley 13/2022, de 26 de julio y art. 16.4 de la Orden PJC/51/2024, de 29 de enero).

A TENER EN CUENTA. El autónomo colaborador, conforme al art. 3.b) del Decreto 2530/1970, de 20 de agosto, está obligatoriamente incluido en el RETA y, conforme al art. 43 del Real Decreto 2064/1995, de 22 de diciembre, el autónomo titular es responsable subsidiario respecto de la obligación de cotizar del autónomo colaborador, que es el responsable directo de la obligación de cotizar por sí mismo.

CUESTIÓN

La figura del autónomo familiar colaborador, ¿es incompatible con estar contratado por cuenta ajena a media jornada?

La inexistencia de una normativa reguladora del autónomo colaborador clara y específica implica ciertas lagunas en el concepto sobre las que siempre se plantean dudas cubiertas por el art. 12 de la LGSS y art. 1, 35 y D.A. 10.ª de la LETA.

Necesidad de convivencia estar a cargo: a pesar de que la redacción del actual art. 35 de la LETA no establece la necesidad de que el familiar colaborador conviva y esté al cargo del titular del negocio, el requisito en base al art. 12 de la LGSS —y ante el vacío normativo de convivencia y dependencia— bajo mi punto de vista continúa siendo aplicable.

Ausencia de alta como trabajadores por cuenta ajena: para que exista la posibilidad de contratar bajo la figura de autónomo colaborador el familiar no debe estar dado de alta como trabajador por cuenta ajena, es decir, no debe cotizar en el régimen general de la seguridad social. En este caso la prohibición aparece reflejada en el art. 1 de la LETA, donde se especifica: «*También será de aplicación esta Ley a los trabajos, realizados de forma habitual, por familiares de las personas definidas en el párrafo anterior que no tengan la condición de trabajadores por cuenta ajena, conforme a lo establecido en el artículo 1.3. e) del texto refundido de la Ley del Estatuto de los Trabajadores*».

RESOLUCIÓN RELEVANTE

STSJ de Castilla y León n.º 146/2021, de 16 de julio de 2021, ECLI:ES:TSJCL:2021:2935

«El art. 12.1 de la LGSS dispone que "a efectos de lo dispuesto en el art. 7.1, no tendrán la consideración de trabajadores por cuenta ajena, salvo prueba en contrario: el cónyuge, los descendientes, ascendientes y demás parientes del empresario, por consanguinidad o afinidad hasta el segundo grado inclusive y, en su caso, por adopción, ocupados en su centro o centros de trabajo, cuando convivan en su hogar y estén a su cargo".

Por tanto y también bajo presunción iuris tantum, el trabajador familiar no estará incluido en el Sistema de Seguridad Social como trabajador por cuenta ajena.

La respuesta a ello nos la ofrece el art. 305.2 k) de la LGSS cuando señala que estarán incluidos en el RETA "el cónyuge y los parientes del trabajador por cuenta propia o autónomo que, conforme a lo señalado en el art. 12.1 y en el apartado 1 de este artículo, realicen trabajos de forma habitual y no tengan la consideración de trabajadores por cuenta ajena"».

STSJ de Cataluña n.º 6888/2013, de 23 de octubre de 2013, ECLI:ES:TSJCAT:2013:10706

Analizando la existencia de la figura de autónomo colaborador en caso de divorcio. El TSJ aclara que la letra e) del art. 1.3 del Estatuto de los Trabajadores, lo que establece es una presunción de la no existencia de laboralidad en el trabajo desempeñado por los familiares convivientes del empresario, «pero ello no impide que pueda destruirse dicha presunción legal, como en el caso enjuiciado, cuando se acredita que pese a tratarse de un familiar conviviente, el trabajo que desempeñaba la actora reunía las notas de laboralidad del art. 1.1 del ET, pues la actora pasó a prestar sus servicios dentro del ámbito de organización del empresario, titular único del negocio, y además con carácter de asalariada, como el empresario reconocía en las nóminas. Por tanto, pese a la existencia de hechos objetivos como el matrimonio y, es más, la convivencia entre los esposos, ello no obliga a que deba aplicarse el apdo. e) art 1.3 del Estatuto de los Trabajadores, cuando la presunción de no laboralidad se destruye».

STSJ de la Comunidad Valenciana n.º 1446/2012, de 23 de mayo de 2012, ECLI:ES:TSJCV:2012:3793

«(...) hay que examinar en cada caso las condiciones contractuales para evaluar si la relación es laboral o mercantil; y en el presente caso la existencia de una prestación personal y voluntaria de servicios, sometida al control y dirección de la empresa, y dentro de su ámbito de organización, con percibo de una retribución, es patente, y por ende, incuestionable la aplicación del artículo 1.1 del Estatuto de los Trabajadores (STS de 19-9-06 (Rec. 1359/2005), 8-11-2006 (Rec. 1920/2005), 6-2-2007 (Rec. 3596/2005), 23-5-2007 (Rec. 3256/2005), 25-6-2007 (Rec. 5035/2005), 11-7-2007 (Rec. 177/2006) o 28-2-2008 (Rec. 3174/2006).

En el supuesto que se examina la laboralidad aparece aún más patente si se tiene en cuenta las fechas de contratación del actor, incluidas entre paréntesis en el texto de la precedente sentencia de la Sala y la sujeción a las órdenes de la empresa y utilización de los medios por ella facilitados, que denotan la concurrencia de las notas de ajenidad y dependencia que definen el contrato laboral y permite la aplicación de la presunción contenida en el art. 8.1 del Estatuto de los Trabajadores».

STSJ de Canarias n.º 502/2013, de 10 de julio de 2013, ECLI:ES:TSJICAN:2013:3401

La normativa tanto laboral como de la Seguridad Social considera a los trabajadores familiares como distintos de los trabajadores por cuenta ajena ya que los ve como colaboradores que aun a pesar de recibir una posible contraprestación que en sí constituya una participación en los rendimientos económicos de la actividad en la que coadyuvan, corren igualmente con los riesgos (sino de *iure* si de *facto*) de aquella actividad no respondiendo al resto de condicionantes propios de la relación laboral pura de la cuenta ajena (dependencia, subordinación, ámbito de organización y dirección) pues la normativa parece presuponer la existencia de un fondo familiar común (e incluso con independencia del régimen económico matrimonial) que actúa como sostén económico de la unidad familiar y da pauta para entender incumplido la nota o característica de ajenidad.

STSJ de Cataluña n.º 308/2018, de 19 de enero, ECLI:ES:TSJCAT:2018:187

«(...) el autónomo colaborador, conforme al art. 3.b) del RD 2530/70, está obligatoriamente incluido en el RETA y, conforme al art. 43 del RD 2064/1995, el autónomo titular es responsable subsidiario respecto de la obligación de cotizar del autónomo colaborador, que es el responsable directo de la obligación de cotizar por sí mismo.

Por tanto, y con independencia de las obligaciones fiscales a efectos de IRPF a que alude la recurrente en su escrito de interposición, lo cierto y verdad es que la normativa expuesta ampara la pretensión del actor, sin que haya norma alguna —invocada o no por la recurrente— que impida al actor en el caso de autos acceder a percibir la prestación de desempleo en modalidad de pago único con la finalidad del abono mensual al trabajador para subvencionar las cuotas a la Seguridad Social. Por todo lo expuesto, el recurso no puede prosperar, sin que proceda la imposición de costas conforme al art. 235 de la LRJS».

Falso autónomo

El falso autónomo es una figura jurídica singular que plantea problemas para su identificación. Se trata de una relación jurídica entre una persona y una empresa que se ha configurado como autónomo pero, al cumplir los requisitos de ajenidad, retribución, subordinación y dependencia, la relación entre las partes ha de ser calificada de laboral. (SJS-Oviedo n.º 58/2023, de 15 de marzo de 2023, ECLI:ES:JSO:2023:1132).

La disposición adicional primera del ET es terminante al establecer que «el trabajo realizado por cuenta propia no estará sometido a la legislación laboral, excepto en aquellos aspectos que por precepto legal se disponga expresamente».

Igualmente, **se presumirá relación laboral**, y por lo tanto, la inclusión en el RETA sería de inicio fraudulenta, en el caso de las actividades de reparto o distribución de cualquier tipo de producto o mercancía, cuando la empresa ejerce sus facultades de organización, dirección y control, mediante la gestión algorítmica del servicio o de las condiciones de trabajo, a través de una plataforma digital (D.A. 23.ª del ET).

Esta figura también se puede dar cuando el trabajo realizado por el familiar, como autónomo en este caso, supone una relación laboral encubierta detectada por la administración o como denuncia del propio familiar que pretende regularizar su situación.

Las opciones para **denunciar la situación de «falso autónomo»** son: denuncia anónima o formal a la ITSS, demanda ante el juzgado de lo social con la prestación de servicios en vigor o tras haber sido despido. El **art. 40 de la LISOS** recoge las posibles **multas** en función de la gravedad del fraude.

RESOLUCIÓN RELEVANTE

STSJ de Madrid, rec. 372/2023, de 30 de junio de 2023, ECLI:ES:TSJM:2023:7446

El TSJ desestima la demanda de una trabajadora al entender que el hecho de acceder al software de la empresa no implicaba necesariamente una relación laboral. La trabajadora accedía habitualmente a la aplicación de la empresa con un usuario y contraseña, realizando tareas administrativas desde su domicilio sin control externo alguno y eligiendo sus vacaciones con su marido. Se destaca la falta de notas características de un contrato de trabajo como ajenidad e independencia.

CUESTIONES

1. Falso autónomo: ¿qué es y cómo saber si estoy en esta situación?

No existe una definición legal para esta figura, ya que un falso autónomo es una persona cuya relación con la empresa, a pesar de cumplir todos los requisitos para considerarse como por cuenta ajena bajo la dirección y control de un empresario, se ha configurado mediante una prestación de servicios como autónomo encuadrado en el RETA y, por lo general, mediante un contrato mercantil.

Para que un trabajador pueda saber si se encuentra en esta situación ilegal, existen una serie de características inferidas de la definición de trabajador por cuenta ajena del Estatuto de los Trabajadores y por cuenta propia de la Estatuto del trabajo autónomo:

- El falso autónomo no desempeña voluntariamente sus funciones, sino que acata las directrices empresariales.
- La retribución salarial que recibe el trabajador viene determinada por la empresa.
- Si existe una clara relación de dependencia con la empresa, se entiende que se trata de un trabajador por cuenta ajena.
- Se da cuando el trabajador usa los medios de producción de la empresa o se atiene a las estrategias empresariales de la organización para la que trabaja.

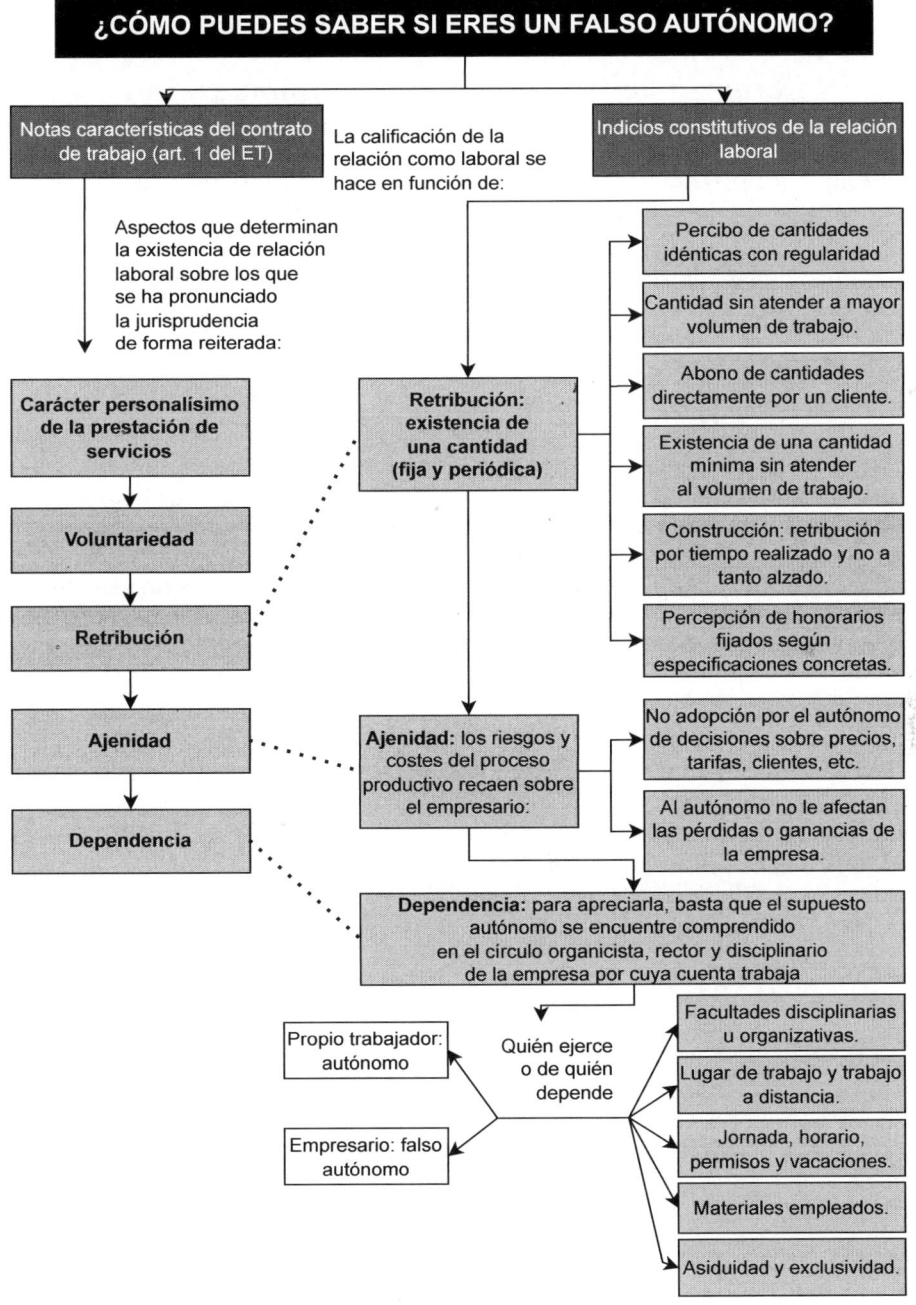

¿CÓMO PUEDES SABER SI ERES UN FALSO AUTÓNOMO?

Notas características del contrato de trabajo (art. 1 del ET)

La calificación de la relación como laboral se hace en función de:

Indicios constitutivos de la relación laboral

Aspectos que determinan la existencia de relación laboral sobre los que se ha pronunciado la jurisprudencia de forma reiterada:

Carácter personalísimo de la prestación de servicios

Voluntariedad

Retribución

Ajenidad

Dependencia

Retribución: existencia de una cantidad (fija y periódica)

Percibo de cantidades idénticas con regularidad

Cantidad sin atender a mayor volumen de trabajo.

Abono de cantidades directamente por un cliente.

Existencia de una cantidad mínima sin atender al volumen de trabajo.

Construcción: retribución por tiempo realizado y no a tanto alzado.

Percepción de honorarios fijados según especificaciones concretas.

Ajenidad: los riesgos y costes del proceso productivo recaen sobre el empresario:

No adopción por el autónomo de decisiones sobre precios, tarifas, clientes, etc.

Al autónomo no le afectan las pérdidas o ganancias de la empresa.

Dependencia: para apreciarla, basta que el supuesto autónomo se encuentre comprendido en el círculo organicista, rector y disciplinario de la empresa por cuya cuenta trabaja

Propio trabajador: autónomo

Empresario: falso autónomo

Quién ejerce o de quién depende

Facultades disciplinarias u organizativas.

Lugar de trabajo y trabajo a distancia.

Jornada, horario, permisos y vacaciones.

Materiales empleados.

Asiduidad y exclusividad.

1.3. Empresario persona jurídica: administrador o socio

Naturaleza de la figura de los administradores y socios en relación con la Seguridad Social

El encuadramiento en la Seguridad Social de administradores y socios se encuentra regulado en los arts. 136 y 305 de la LGSS.

El artículo 136 de la Ley de la Seguridad Social establece que estarán incluidos obligatoriamente en el Régimen General de la Seguridad Social, como asimilados a trabajadores por cuenta ajena, los consejeros y administradores de las sociedades de capital, siempre que no posean su control en los términos previstos por el apartado 2.b) del art. 305 de la LGSS, cuando el desempeño de su cargo conlleve la realización de las funciones de dirección y gerencia de la sociedad, siendo retribuidos por ello o por su condición de trabajadores por cuenta de la misma.

Dicha asimilación de los administradores societarios a trabajadores por cuenta ajena es una ficción legal al solo efecto de su inclusión en el Régimen General de la Seguridad Social. Dada la naturaleza mercantil de la relación del administrador con la empresa no serán de aplicación las normas laborales (como el ET), debiendo atenerse a lo establecido en el Real Decreto Legislativo 1/2010, de 2 de julio, por el que se aprueba el texto refundido de la Ley de Sociedades de Capital, en relación al régimen de nombramiento, prohibiciones, ejercicio del cargo, retribución, ausencia de referencias a la jornada, etc.

La situación del propio socio administrador repercutirá trascendentalmente, como analizaremos, en el posible encuadramiento de su familiar en el RGSS o como autónomo. En base a esto, hemos optado por añadir en la obra los criterios para el encuadramiento en la Seguridad Social de administradores y socios, ya que, este análisis influirá en la posible existencia de control efectivo de la sociedad por parte de sus convenientes o del propio trabajador familiar en caso de contar con participaciones en la sociedad.

Criterios para el encuadramiento en la Seguridad Social de administradores y socios

Al amparo de los arts. 136 y 305 de la LGSS, el encuadramiento (y por lo tanto la cotización) de este colectivo en el RGSS o RETA se realiza en función del porcentaje de participación que tengan en la empresa y de las funciones que realizan para las mismas, lo que supone las siguientes posibilidades de clasificación:

|| Sociedades de capital

– Régimen General de la Seguridad Social [arts. 136.2 b) y 305.2.b) de la LGSS].

Los trabajadores por cuenta ajena «ordinarios».

Los **socios trabajadores de las sociedades de capital** (aun cuando sean miembros de su órgano de administración) en dos supuestos:

– Si el desempeño de este cargo no conlleva la realización de las funciones de dirección y gerencia de la sociedad

– Si no poseen el control de la sociedad en los términos previstos por el art. 305.2 b) de la LGSS.

– **Asimilados a trabajadores por cuenta ajena** [arts. 136.2 c) y e) y 305.2 e) y b) de la LGSS] —excluidos de la protección por desempleo y del Fondo de Garantía Salarial—.

  – Los *consejeros y administradores de las sociedades de capital*, siempre que no posean su control [en los términos previstos por el art. 305.2 b) de la LGSS], cuando el desempeño de su cargo conlleve la realización de las funciones de dirección y gerencia de la sociedad, siendo retribuidos por ello o por su condición de trabajadores por cuenta de la misma.

  – **Los socios trabajadores de las sociedades laborales que, por su condición de administradores de las mismas, realicen funciones de dirección y gerencia de la sociedad, siendo retribuidos por ello o por su vinculación simultánea a la sociedad laboral mediante una relación laboral de carácter especial de alta dirección, y no posean su control en los términos previstos por el art. 305.2.b) de la LGSS.** En este caso, solo quedarán excluidos de la protección por desempleo y del Fondo de Garantía Salarial cuando el número de socios de la sociedad laboral no supere los veinticinco.

– **Régimen Especial de Trabajadores Autónomos** [art. 305.2.b) de la LGSS].

Quienes ejerzan las funciones de dirección y gerencia que conlleva el desempeño del cargo de consejero o administrador, o presten otros servicios para una sociedad de capital, a título lucrativo y de forma habitual, personal y directa, siempre que posean el control efectivo, directo o indirecto, de aquella.

ADMINISTRADOR O CONSEJERO	CON FUNCIONES DE DIRECCIÓN Y GERENCIA, RETRIBUIDO Y NO POSEEN +1/4 CAPITAL: **RÉGIMEN GENERAL ASIMILADO (sin desempleo ni FOGASA)**.
	SI NO EJERCEN FUNCIONES DE DIRECCIÓN Y GERENCIA Y NO POSEEN +1/3 CAPITAL; **RÉGIMEN GENERAL**.
	NO SOCIOS: **RÉGIMEN GENERAL ASIMILADO** (sin desempleo ni FOGASA).

SOCIOS TRABAJADORES	CON CAPITAL SUPERIOR AL 50 %: **RÉGIMEN AUTÓNOMOS.**	
	CON CAPITAL INFERIOR AL 50 %	SI TIENE FUNCIONES DE DIRECCIÓN Y GERENCIA Y POSEE + 1/4 CAPITAL: **RÉGIMEN AUTÓNOMOS.**
		SI NO EJERCE FUNCIONES DE DIRECCIÓN Y GERENCIA Y NO POSEE +1/3 CAPITAL: **RÉGIMEN GENERAL.**
	50 % DEL CAPITAL EN MANOS DE FAMILIARES HASTA EL 2.º GRADO: **RÉGIMEN AUTÓNOMOS.**	

CUESTIONES

1. A efectos del encuadramiento en el Seguridad Social, ¿cuándo se entiende que la posesión del control efectivo de una sociedad?

El elemento que se configura como esencial para determinar si un trabajador de una mercantil debe causar alta en el Régimen Especial de Trabajadores Autónomos es el de que «posea el control efectivo, directo o indirecto» de esa mercantil, y frente a la presunción *iuris et de iure* de su concurrencia cuando se sea titular de, al menos, la mitad del capital social, se establecen otra serie de supuestos en el que se establece una presunción *iuris tantum* (STSJ de Andalucía n.º 1685/2020, de 18 de junio de 2020, ECLI:ES:TSJAND:2020:4784). De esta forma encontramos dos supuestos:

– Se entenderá, en todo caso (sin necesidad de prueba en contrario), que se produce tal circunstancia, cuando las acciones o participaciones del trabajador supongan, al menos, la mitad del capital social.

– Se presumirá (salvo prueba en contrario) que el trabajador posee el control efectivo de la sociedad cuando concurra alguna de las siguientes circunstancias (art. 305 de la LGSS):

1. Que, al menos, la mitad del capital de la sociedad para la que preste sus servicios esté distribuido entre socios con los que conviva y a quienes se encuentre unido por vínculo conyugal o de parentesco por consanguinidad, afinidad o adopción, hasta el segundo grado.

2. Que su participación en el capital social sea igual o superior a la tercera parte del mismo.

3. atribuidas funciones de dirección y gerencia de la sociedad.

En los supuestos en que no concurran las circunstancias anteriores, la Administración tendrá que demostrar, por cualquier medio de prueba, que el trabajador dispone del control efectivo de la sociedad.

2. El mero nombramiento como administrador, ¿determina algún tipo de encuadramiento en el sistema de Seguridad Social?

El mero nombramiento como administrador sin desempeño efectivo de las funciones inherentes a tal condición, no determina el encuadramiento en el sistema de Seguridad Social, ni en el Régimen General ni en el Régimen de Trabajadores Autónomos.

Procede el encuadramiento en el Régimen General como asimilados a trabajadores por cuenta ajena, a tenor del art. 136.2 c) de la LGSS, cuando no tiene el control efectivo de la sociedad y en el RETA, en armonía con lo dispuesto en el art. 305 de la misma norma, si mantiene el control efectivo de la sociedad. (STSJ de Castilla y León n.º 216/2018, de 1 de octubre de 2018, ECLI: ES:TSJCL:2018:3383).

|| Sociedades laborales

- **Régimen General de la Seguridad Social** [arts. 136.2 d) y 305.2 e) de la LGSS y 1.2.b) de la Ley 44/2015, de 14 de octubre].

  Los socios trabajadores de las sociedades laborales, cuya participación en el capital social se ajuste a lo establecido en el artículo 1.2.b) de la Ley 44/2015, de 14 de octubre, de Sociedades Laborales y Participadas, y aun cuando sean miembros de su órgano de administración, si el desempeño de este cargo no conlleva la realización de las funciones de dirección y gerencia de la sociedad, ni posean su control en los términos previstos por el art. 305.2.e) de la LGSS.

- **Asimilados a trabajadores por cuenta ajena** [arts. 136.2 c) y e) y 305.2 e) y b) de la LGSS] —excluidos de la protección por desempleo y del FOGASA, salvo cuando el número de socios de la sociedad laboral no supere los 25—.

  Los socios trabajadores de las sociedades laborales que, por su condición de administradores de las mismas, realicen funciones de dirección y gerencia de la sociedad, siendo retribuidos por ello o por su vinculación simultánea a la sociedad laboral mediante una relación laboral de carácter especial de alta dirección, y no posean su control en los términos previstos por el artículo 305.2.e) de la LGSS.

- **Régimen Especial de Trabajadores Autónomos** [art. 305.2.e) de la LGSS].

  Los socios trabajadores de las sociedades laborales cuando su participación en el capital social junto con la de su cónyuge y parientes por consanguinidad, afinidad o adopción hasta el segundo grado con los que convivan alcance, al menos, el 50 por ciento, salvo que acrediten que el ejercicio del control efectivo de la sociedad requiere el concurso de personas ajenas a las relaciones familiares.

RÉGIMEN GENERAL DE LA SEGURIDAD SOCIAL	SOCIOS TRABAJADORES SEAN O NO ADMINISTRADORES SALVO	CUANDO POR SU CONDICIÓN DE ADMINISTRADORES REALICEN FUNCIONES DE DIRECCIÓN Y GERENCIA DE LA SOCIEDAD:	RETRIBUIDOS POR EL DESEMPEÑO DE ESE CARGO. **ASIMILADO.**
			ADEMÁS DE MANTENER RELACIÓN LABORAL DE ALTA DIRECCIÓN CON LA SOCIEDAD. **ASIMILADO.**
RÉGIMEN ESPECIAL DE TRABAJADORES AUTÓNOMOS	CUANDO LA PARTICIPACIÓN JUNTO CON LA DE SU CÓNYUGE Y PARIENTES POR CONSANGUINIDAD, AFINIDAD O ADOPCIÓN HASTA 2.º GRADO CON LOS QUE CONVIVAN ALCANCE ½ DEL CAPITAL SOCIAL (salvo que acrediten que el ejercicio del control efectivo de la sociedad requiere el concurso de personas ajenas a las relaciones familiares). **RETA.**		

|| Sociedad cooperativa

La integración de los socios trabajadores de las cooperativas de trabajo asociado en la Seguridad Social se encuentra regulada en la actualidad por el art. 14 de la Ley General de la Seguridad Social, pudiendo optar la cooperativa en sus estatutos entre las modalidades siguientes: a) Como asimilados a trabajadores por cuenta ajena; b) Como trabajadores autónomos en el régimen especial correspondiente.

- **Si los socios se dedican a la venta ambulante percibiendo ingresos directamente del comprador: RETA.**

- **En el resto de los casos, es opcional.** Todos los socios en el régimen general de la seguridad social o todos en el reta, según lo recogido en los estatutos.

|| Comunidad de bienes

– Régimen General de la Seguridad Social

Cuando la comunidad de bienes actúe en calidad de empresario y exista relación laboral entre los comuneros y la comunidad.

– Régimen Especial de Trabajadores Autónomos [art. 305.2 d) de la LGSS y 1.2.b) de la LETA].

El artículo 305.1 de la Ley General de la Seguridad Social define al trabajador autónomo que actúa laboralmente como persona física y en el apartado 2 de dicho precepto se recogen otras actividades que llevan al encuadramiento en el RETA, incluyendo en el apartado d) a los comuneros de las comunidades de bienes (STS n.° 119/2022, de 8 de febrero de 2022, ECLI:ES:TS:2022:546), **salvo que su actividad se limite a la mera administración de los bienes puestos en común.**

Es cierto que los miembros de comunidades de bienes quedan encuadrados en el Régimen Especial de Trabajadores Autónomos, pero no hay que olvidar que la comunidad de bienes es algo diferente a una sociedad, en cuanto no constituye un contrato entre socios para realizar una determinada actividad, sino una mera forma de copropiedad. Para que proceda el encuadramiento en el RETA de un miembro de una comunidad de bienes en su condición de tal es preciso que el trabajo se desarrolle por el comunero para sí mismo, para su propio beneficio en cuanto copropietario del conjunto de la empresa, excluyéndose así la ajenidad. STSJ Castilla y León, rec. 855/2017, de 26 de junio de 2017, ECLI:ES:TSJCL:2017:2592

RETA	Socios que aporten su trabajo y asuman la codirección de la empresa y el riesgo y ventura de ella, con responsabilidad ilimitada de todos sus bienes y con la finalidad de obtención de unos beneficios.

RÉGIMEN GENERAL	No se acreditan las condiciones para la inscripción en el RETA.
	Existencia de una relación laboral en la prestación de servicios de los comuneros o socios a la comunidad o sociedad.
	La comunidad de bienes actúa en calidad de empresario.
NO EXISTE NECESIDAD DE ALTA EN NINGÚN RÉGIMEN	La participación de los socios o comuneros se limita a la aportación de bienes, sin participar en la dirección de la empresa ni poner en común su actividad y limitando su responsabilidad a los bienes aportados.

‖ Sociedades patrimoniales (mera tenencia de bienes)

No están encuadrados en la seguridad social los socios.

2.
REQUISITOS GENERALES DE OBLIGADO CONOCIMIENTO PARA LA CONTRATACIÓN DE FAMILIARES: ¿PUEDE EL EMPRESARIO CONTRATAR A UN FAMILIAR?

De conformidad con lo dispuesto en el art. 3.1.e) del Estatuto de los Trabajadores, se excluyen de su ámbito de aplicación, los trabajos familiares, salvo que se demuestre la condición de asalariados de quienes los llevan a cabo. Igualmente, el art. 12 de la LGSS, establece, que «(...) no tendrán la consideración de trabajadores por cuenta ajena, salvo prueba en contrario: el cónyuge, los descendientes, ascendientes y demás parientes del empresario, por consanguinidad o afinidad hasta el segundo grado inclusive y, en su caso, por adopción, ocupados en su centro o centros de trabajo, cuando convivan en su hogar y estén a su cargo».

Lo que deba entenderse por trabajos familiares viene previsto en la ley mediante la exigencia de **dos requisitos acumulativos** que analizaremos con ejemplos: el primero, **que los servicios se presten entre cónyuges, descendientes, ascendientes y demás parientes por consanguinidad, afinidad o adopción, hasta el segundo grado inclusive**; y, el segundo, que, además, **convivan con el empresario**. (En el caso de los autónomos societarios, se añade un posible tercer factor a la ecuación: **el control efectivo de la sociedad**).

De todo lo anterior se infiere que, con carácter general, la persona empleadora podrá contratar como asalariado en el RGSS a cualquier familiar, no obstante, sí existen convivencia y parentesco, tendrá que ser a través de un la **figura de un autónomo colaborador**.

A efectos prácticos podemos establecer que, en un gran número de casos, la Inspección de Trabajo y Seguridad Social, previa inspección, emitirá un informe haciendo constar que la persona trabajadora figuraba indebidamente de alta en el Régimen General (RGSS) como asimilada a trabajadora por cuenta ajena —cuando debería estar de alta en el Régimen Especial de Trabajadores Autónomos (RETA)—. La TGSS, en cumplimiento del informe emitido por la Inspección, dictará resolución en la que dará de alta en el RETA de oficio al familiar del empresario. No obstante, corresponderá al trabajador la carga de la prueba.

Para determinar si existe relación laboral por cuenta ajena, **no existiendo criterios genéricamente válidos, deberemos analizar si existe o no relación laboral dependiente en base a las circunstancias de cada supuesto** acerca del grado de parentesco, la participación en el capital social, los cargos societarios, la convivencia en el domicilio, la prueba de una real retribución, salario u horarios, todo ello ha de ser tenido en cuenta y valorado para determinar (STSJ de Aragón, rec. 126/2015, de 16 de marzo de 2015, ECLI:ES:TSJAR:2015:241). Todo ello sin olvidar la presunción de certeza de los hechos constatados por la Inspección de Trabajo y Seguridad Social.

CUESTIONES

1. Si el cónyuge del empleado es menor de 30 años, ¿se incluye en las previsiones legales establecidas para la contratación por cuenta ajena aunque exista convivencia?

La D.A. 10.ª de la LETA especifica «hijos menores de 30 años». Como señala la *STS, rec. 1971/2000, de 13 de marzo de 2001, ECLI:ES:TS:2001:2028*, con la excepción de los hijos menores de 30 años, los familiares del empresario que convivan y dependan económicamente de él no son trabajadores por cuenta ajena. Por el término familiar con hijo menor de 30 años no se entiende incluido el cónyuge, sino únicamente el hijo menor de 30 años.

2. Dentro de la contratación familiar ¿se incluye la pareja de hecho?

La ley no incluye a la pareja de hecho en los «trabajos familiares». La presunción de no laboralidad no se aplica a las parejas de hecho. Aunque convivan, se debe partir de la laboralidad de la prestación de servicios. No obstante, será necesario demostrar la existencia de los requisitos para la validez del contrato como la dependencia y ajenidad.

La STS, rec. 2117/1999, de 24 de febrero de 2000, ECLI:ES:TS:2000:1445 y STS n.º 912/2018, de 17 de octubre de 2018, ECLI:ES:TS:2018:3883, ha reconocido el derecho a percibir prestación de desempleo a una trabajadora que era pareja de hecho del empresario, entendiendo que tal situación no es equiparable por analogía, a la de cónyuge: «(...) la expresión cónyuge del art. 1-3 e) del E.T., se comprende o no a quien convive con el empresario maritalmente. Cuando el art. 1-3 e) del E.T. habla de parientes se está refiriendo a los que tienen su origen en uniones matrimoniales, en ningún caso se comprende a la uniones estables de hecho, por tanto, no es de aplicación dicho precepto para denegar la prestación de desempleo, sino lo dispuesto en el art. 1-1 E.T., existiendo una relación laboral al concurrir las notas de dependencia y ajenidad que caracterizar a ésta. El mero hecho de la convivencia *more uxorio*, no determina la existencia de la relación familiar, sin que pueda ser de aplicación, por analogía como sostiene la sentencia recurrida la presunción favorable a la existencia de relaciones familiares previstas en el art. 1.3 e) del E.T.; sino se aplica dicha presunción en otros supuestos como los aludidos en esta misma fundamentación en materia de Seguridad Social, no cabe que cuando la norma».

3. En caso de ser necesario acreditar la laboralidad, ¿sería suficiente con aportar el contrato laboral firmado entre las partes y registrado ante el SEPE? ¿ y documentos como nóminas y justificantes de la cotización?

En el contrato simulado suelen concurrir todos los requisitos externos que constituyen la apariencia jurídica legal. Las salas de los social suelen entender que la presunción legal no se desvirtúa por circunstancias formales como son los documentos de contrato, nómina y cotización.

La STSJ del País Vasco n.º 163/2021, de 27 de abril, ECLI:ES:TSJPV:2021, ha considerado que la aportación de los contratos responden exclusivamente a la intención de presentar documentos formalmente válidos. Deberá acreditarse por todos los medios posibles la laboralidad.

Será necesario demostrar que el trabajador familiar se encuentra sometido a la existencia de la ajenidad y de la dependencias propias de la relación laboral y que no se dan dentro del ámbito de la unidad familiar en que siempre redundan los beneficios del patrimonio común.

JURISPRUDENCIA

STS, rec. 1971/2000, de 13 de marzo de 2001, ECLI:ES:TS:2001:2028

«Esta *presunción de no laboralidad* que establece el precepto [art. 1.3 del ET] se basa en la existencia de dos requisitos, *convivencia*» con el titular o dueño del centro de trabajo y *estar a su cargo*». El requisito de «convivencia» es hecho probado en la sentencia. En lo que se refiere al *requisito de «estar a cargo», o lo que es igual depender económicamente del pariente con el que se convive, también* resulta de los propios hechos probados, pues los únicos ingresos con que cuenta la demandante son los correspondientes a las remuneraciones que le abona su madre dimanantes de la explotación del negocio familiar de un establecimiento de carnicería, en donde los servicios prestados por la demandante son para la obtención de frutos o resultados para el patrimonio de la familia de la que forma parte.

STS, rec. 57/1990, de 29 de octubre de 1990

«*El artículo 1.3.e) del Estatuto de los Trabajadores excluye en principio de la legislación laboral a los "trabajos familiares salvo que se demuestre la condición de asalariados de quienes los llevan a cabo". El propio precepto precisa a continuación el círculo familiar al que afecta esta regla de exclusión, círculo formado por los parientes hasta el segundo grado inclusive por consanguinidad, afinidad o adopción, en los que concurra además el requisito de convivencia con el empresario. La exclusión del trabajo familiar en el sentido del artículo 1.3.e) del Estatuto de los Trabajadores no es, a la vista de la redacción del precepto estatutario, una excepción propiamente dicha, sino una mera aclaración o constatación de que en este tipo de prestación de trabajo falta una de las notas características del trabajo asalariado. Esta nota es la ajenidad o transmisión a un tercero de los frutos o resultados del trabajo prestado; ajenidad que no cabe apreciar cuando tales frutos o resultados se destinan a un fondo social o familiar común. Por supuesto, cabe trabajo por cuenta ajena entre parientes que comparten el mismo techo. Pero si el parentesco es muy próximo y existe convivencia con el empresario, la Ley ha establecido una presunción "iuris tantum" a favor del trabajo familiar no asalariado, que se aparta expresamente de la presunción de laboralidad establecida en el artículo 8.1 del Estatuto de los Trabajadores».*

RESOLUCIÓN RELEVANTE

STSJ Baleares, rec. 604/2002, de 16 de diciembre de 2002, ECLI:ES:TSJBAL:2002:1489

«*El apartado e) del art. 1.3 del Estatuto de los Trabajadores excluye en principio de la legislación laboral a los trabajos familiares salvo que se demuestre la condición de asalariados de quienes los llevan a cabo». El propio precepto precisa a continuación el círculo familiar al que afecta esta regla de exclusión, círculo formado por los parientes hasta el segundo grado inclusive por consanguinidad, afinidad o adopción, en los que concurra además el requisito de convivencia con el empresario.*

La exclusión del trabajo familiar en el sentido del apdo. 3 e) del art. 1 de Estatuto de los Trabajadores no es, a la vista de la redacción del precepto estatutario, una excepción propiamente dicha, sino una mera aclaración o constatación de que en este tipo de prestación de trabajo falta una de las notas características del trabajo asalariado. Esta nota es la ajenidad o transmisión a un tercero de los frutos o resultados del trabajo prestado; ajenidad que no cabe apreciar cuando tales frutos o resultados se destinan a un fondo social o familiar común. Por supuesto, cabe trabajo por cuenta ajena entre parientes que comparten el mismo techo. Pero si el parentesco es muy próximo y existe convivencia con el empresario, la ley ha establecido una presunción iuris tantum» a favor del trabajo familiar no asalariado, que se aparta expresamente de la presunción de laboralidad establecida en el art. 8.1 del Estatuto de los Trabajadores».

2.1. Características de las tareas realizadas por el familiar trabajador y su situación: ¿qué define la existencia de relación laboral o no?

Adelantándose en algunos casos a los distintos aspectos que desarrollaremos, en cuanto a la naturaleza de las tareas realizadas por la persona trabajadora familiar, procede destacar que el art. 1.3 del ET contiene una serie de **exclusiones tasadas a la laboralidad**, cuya interpretación jurisprudencial es restrictiva y cuya carga corresponde acreditar a quien las invoca. Tales exclusiones constituyen una **excepción a la presunción *iuris tantum* de laboralidad** prevista en el art. 8.1 del ET. Este artículo establece: «El contrato de trabajo se podrá celebrar por escrito o de palabra. Se presumirá existente entre todo el que presta un servicio por cuenta y dentro del ámbito de organización y dirección de otro y el que lo recibe a cambio de una retribución a aquel». Del citado precepto y del art. 1.1 del ET se desprende que las notas caracterizadoras de la relación laboral son la **dependencia, la ajenidad y la retribución** (que trataremos de modo individual) y la importancia de **poder demostrarlas en todo momento para evitar problemas de encuadramiento en la seguridad social o frente a futuras prestaciones:**

En cuanto a la **dependencia**, los **indicios comunes de la nota de dependencia más habituales** son: la asistencia al centro de trabajo del empleador o al lugar de trabajo designado por éste y el sometimiento a horario; el desempeño personal del trabajo, compatible en determinados servicios con un régimen excepcional de suplencias o sustituciones; la inserción del trabajador en la organización de trabajo del empleador o empresario, que se encarga de programar su actividad; y, reverso del anterior, la ausencia de organización empresarial propia del trabajador. (STSJ de Cataluña n.º 1995/2016, de 5 de abril de 2016, ECLI:ES:TSJCAT:2016:2918).

En cuanto a la **ajenidad**, los **indicios comunes de la nota de ajenidad** son, entre otros: la entrega o puesta a disposición del empresario por parte del trabajador de los productos elaborados o de los servicios realizados; la adopción por parte del empresario —y no del trabajador— de las decisiones concernientes a las relaciones de mercado o con el público, como fijación de precios o tarifas, y la selección de clientela, o personas a atender; el carácter fijo o periódico de la remuneración del trabajo; y su cálculo con arreglo a un criterio que guarde una cierta proporción con la actividad prestada, sin el riesgo y sin el lucro especial que caracterizan a la actividad del empresario o al ejercicio libre de las profesiones. (STSJ de Cataluña n.º 1995/2016, de 5 de abril de 2016, ECLI:ES:TSJCAT:2016:2918).

En cuanto a la **retribución**, una de las notas características del trabajo asalariado es la **transmisión a un tercero de los frutos o resultados del trabajo presentado**; ajenidad que no cabe apreciar cuando tales frutos o resultados se destinan a un **fondo social o familiar común**.

En cuanto a la **convivencia**, por supuesto, **cabe trabajo por cuenta ajena entre parientes que comparten el mismo techo**. Pero si el parentesco es muy próximo y existe convivencia con el empresario, la ley ha establecido una presunción «iuris tantum» a favor del trabajo familiar no asalariado, que se aparta expresamente de la presunción de laboralidad establecida en el art. 8.1 del ET. (STSJ de Cantabria n.º 663/2016, de 13 de julio de 2016, ECLI:ES:TSJCANT:2016:591).

La **presunción de la existencia de trabajo familiar en relación con el grado de parentesco** es la prevista en el art. 1.3.e) del ET: «Se considerarán familiares, a estos efectos, siempre que convivan con el empresario, el cónyuge, los descendientes, ascendientes y demás parientes por consanguinidad o afinidad, hasta el segundo grado inclusive y, en su caso, por adopción'. Sobre esta presunción que excepciona la presunción general de laboralidad». De esta forma, como reiteramos a lo largo de la obra, el citado art. 1.3.e) del Estatuto de los Trabajadores viene exigiendo para la **exclusión del carácter laboral de la relación jurídica**, además de la nota de ausencia de retribución salarial, la existencia de un grado de parentesco y la convivencia familiar. Se viene considerando por la doctrina y jurisprudencia de los Tribunales que se trata de dos requisitos que permiten presumir la ausencia de relación laboral, de tal forma que mientras el requisito de convivencia familiar se interpreta de forma amplia y referida no sólo a la física sino también a la económica o alimenticia, (STS 29 octubre 1990, ECLI:ES:TS:1990:17449), **el grado de parentesco se considera de forma restrictiva**. (STSJ de Cantabria n.º 663/2016, de 13 de julio de 2016, ECLI:ES:TSJCANT:2016:591).

Sobre los **trabajos familiares** —no laborales— del art. 1.3.e) del ET y su ámbito de aplicación podemos definir las siguientes reglas (STSJ de las Is. Canarias n.º 714/2015, de 14 de abril de 2015, ECLI:ES:TSJICAN:2015:2032 y STS, rec. 1628/2011, de 13 de junio de 2012, ECLI:ES:TS:2012:4672):

1. La previsión normativa, está referida a la prestación de servicios entre familiares personas físicas, radicando la razón de ser de la presunción excluyente de la laboralidad que el precepto establece, en la eliminación de la nota de ajenidad cuando los frutos o utilidad del trabajo prestado recae y revierte en el patrimonio o fondo común del grupo familiar de convivencia.

2. La prueba de la prestación de servicios para la sociedad percibiendo la retribución pactada desvirtúa la presunción legal, siendo solo tal circunstancia determinante de la laboralidad del vínculo.

3. El concepto de parientes del empresario, en puridad de concepto, no puede darse cuando el empresario es una persona jurídica.

4. Para la aplicación de la doctrina del levantamiento del velo societario por haberse hecho un uso abusivo de la forma jurídica societaria en beneficio de los socios, debe alegarse y acreditarse la concurrencia de fraude por parte de quien lo alega.

5. Atendiendo a la realidad de las personas físicas que integran una sociedad, la ausencia de la nota ajenidad solo puede apreciarse cuando en atención a la cuota de participación conjunta de la unidad familiar de convivencia se pueda considerar que existe un patrimonio o fondo común en el que revierte la utilidad o los frutos del trabajo prestado y con cargo al cual se percibe la retribución por los servicios prestados, sin que en cuanto a este punto pueda considerarse determinante que el porcentaje global del capital social propiedad de los socios unidos por vínculo parental y con relación convivencial sea superior al 50 % (STS, rec. 4525/1999, de 30 de abril de 2001, ECLI:ES:TS:2001:3499).

En cuanto a los **trabajos de amistad, benevolencia y buena vecindad** del art. 1.3.d) del ET, previstos también como excepción a la relación laboral, la exclusión de laboralidad del artículo 1.3.d) del Estatuto de los Trabajadores por la realización de trabajos a título de amistad, benevolencia o buena vecindad, que en realidad consiste en una donación por parte de quien lo realiza de su trabajo, ha sido interpretado siempre de modo restrictivo para evitar la inaplicación de la normativa laboral a personas que están prestando un trabajo de forma personal, dependiente, por cuenta ajena y retribuido, incluso en el supuesto de que dicho trabajo se preste a una ONG, a una Administración Pública. (STSJ de Cataluña n.º 1995/2016, de 5 de abril de 2016, ECLI:ES:TSJCAT:2016:2918).

2.2. Convivencia con el titular del negocio: ¿cuándo existe convivencia?

El requisito de convivencia para acreditar una relación especial

El requisito de la convivencia se erige como la piedra angular que, cumplidos los restantes requisitos, resulta relevante para determinar la existencia de una especial relación y, en su caso dependencia, tal y como resulta del artículo 1.3 e) del Estatuto de los Trabajadores y 12 de la Ley General de la Seguridad Social. (STS n.º 341/2021, de 24 de marzo de 2021, ECLI:ES:TS:2021:1279).

No existe un método fijado por la doctrina o normativa para acreditar la no convivencia a efectos de la existencia de una posible relación laboral ordinaria entre el empresario y el trabajador familiar. Corresponde al juzgado de lo social, en caso de dudas por parte de la entidad gestora o inspección de trabajo, valorar los diversos elementos de prueba que en orden a la acreditación de la convivencia se aporten por las partes al proceso, a fin de establecer la situación real de convivencia.

Acreditación del requisito de no convivencia

La valoración de ciertos documentos puede poner de manifiesto la residencia efectiva distinta de los familiares:

Certificación de empadronamiento distinto entre la persona trabajadora y el empresario expedida por el ayuntamiento

El padrón en el que consta una vivienda distinta entre el empresario y el trabajador familiar es un medio probatorio, «pero no el único y excluyente». (STSJ de Castilla y León, rec. 1027/2019, de 11 de octubre de 2019, ECLI:ES:TSJCL:2019:4420).

El art. 53.1 del Real Decreto 2612/1996, de 20 de diciembre, establece que el padrón municipal es el registro administrativo donde constan los vecinos de un municipio y que sus datos constituyen prueba de la residencia en el municipio y del domicilio habitual en el mismo, teniendo el carácter de documento público y fehaciente las certificaciones que de dichos datos se expidan, pero también es un hecho bien conocido la existencia de discordancias entre lo consignado en los padrones municipales en cuanto a las personas que de derecho tienen su residencia y domicilio habitual en determinado municipio y lo que de hecho resulta en la realidad, fenómeno que se debe a diversas circunstancias (interés del Ayuntamiento en conservar un alto número de residentes, que da derecho a determinadas subvenciones; personas que, pese a conservar su empadronamiento en determinado municipio, residen habitualmente en otro por motivos laborales y no proceden a regularizar su situación administrativa, etc.).

JURISPRUDENCIA

STS n.º 506/2022, de 1 de junio de 2022, ECLI:ES:TS:2022:2451

«Un hijo no conviviente, aunque haya sido contratado por su progenitor, no está excluido del ámbito de aplicación del ET (...)».

RESOLUCIÓN RELEVANTE

STSJ de Galicia n.º 400/2023, de 6 de octubre del 2023, ECLI:ES:TSJGAL:2023:6960

«En cuanto a los certificados de convivencia aportados, es obvio que atendiendo a que el certificado "número 1" (página 56 del expediente administrativo) y el certificado "número 2" (página 57 del expediente administrativo) señalan domicilios distintos (uno el número NUM002 y otro el número NUM003 de DIRECCION000 respectivamente) no puede atenderse a una convivencia común de los socios que figuran en uno y otro certificado, y es que para que el artículo 305.2.b).1.º del TRLGSS sea de aplicación debe existir una convivencia efectiva. Difícilmente puede considerarse una convivencia efectiva cuando el domicilio figura en edificios distintos.

> *Además, en cuanto al certificado de convivencia "número 2", hay dos altas en el padrón posteriores a haberse dictado la resolución administrativa impugnada, por lo que los socios convivientes son únicamente 2, representando solo el 28,56 % de las participaciones sociales y sin ostentar el cargo de administrador ninguno de ellos. D. Cándido y Ceferino, administradores de la sociedad, individualmente solo representan cada uno un 14,28 % del capital social, cantidad insuficiente para que entre en juego la presunción de control efectivo de la sociedad.*
>
> *El cambio de inscripción de domicilio es un subterfugio para intentar evitar el cambio de encuadramiento, ya que en base a los documentos que obran en el expediente es evidente que don Ceferino y don Cándido tienen su residencia efectiva en otro domicilio».*

‖ Dirección aportada a efectos de notificaciones de la TGSS

Es posible que la TGSS aporte como documento acreditativo de la convivencia el domicilio designado a efectos de notificaciones que conste en su base de datos. Si la dirección coincide, o no consta variación, puede ser un indicio de la convivencia. Téngase en cuenta que, a tenor del art. 28.1 del Real Decreto 84/1996, de 26 de enero (Reglamento General sobre inscripción de empresas y afiliación, altas, bajas y variaciones de datos de trabajadores en la Seguridad Social) este domicilio debe mantenerse actualizado.

A TENER EN CUENTA. En la base de datos de Sistema de Información Laboral *e-sil* consta el domicilio del cónyuge aportado en su momento.

‖ Se presume la convivencia de los cónyuges

Por último, opera la presunción del art. 69 del Código Civil, que indica que: «Se presume, salvo prueba en contrario, que los cónyuges viven juntos».

2.3. Dependencia económica del titular del negocio: ¿cuándo existe dependencia económica?

En otros contextos (requisitos para el subsidio por desempleo por ejemplo), la LGSS regula los elementos necesarios para determinar la carencia o existencia de renta (art. 275.4 de la LGSS — a modo de ej. —):

«4. A efectos de determinar los requisitos de carencia de rentas y, en su caso, de responsabilidades familiares, se considerarán como rentas o ingresos computables cualesquiera bienes, derechos o rendimientos derivados del trabajo, del capital mobiliario o inmobiliario, de las actividades económicas y los de naturaleza prestacional, salvo las asignaciones de la Seguridad Social por hijos a cargo y salvo el importe de las cuotas destinadas a la financiación del convenio especial con la Administración de la Seguridad Social. También se considerarán rentas las plusvalías o ganancias patrimoniales, así como los rendimientos que puedan deducirse del montante económico del patrimonio, aplicando a su valor el 100 por ciento del tipo de interés legal del dinero vigente, con la excepción de la vivienda habitualmente ocupada por el trabajador y de los bienes cuyas rentas hayan sido computadas, todo ello en los términos que se establezcan reglamentariamente.

(...)

Para acreditar las rentas la entidad gestora podrá exigir al trabajador una declaración de las mismas y, en su caso, la aportación de copia de las declaraciones tributarias presentadas».

Aunque seguramente para mayor clarificación del tema que estamos desarrollando fuese necesario una relación exhaustiva de la carencia de rentas o responsabilidades familiares como en el caso del subsidio por desempleo, en este caso, la norma no establece como demostrar que el familiar asalariado no «está a cargo», o lo que es igual, que no depende económicamente del pariente con el que se convive.

Es reiterada la jurisprudencia en el sentido de que, no hay relación laboral entre familiares que conviven cuando no hay transmisión de los frutos o resultados del trabajo prestado sino que «estos se destinan a un fondo social o familiar común» (STS, rec. 1971/2000, 13 de marzo de 2001, ECLI:ES:TS:2001:2028).

Acreditación del requisito de asalariado

Si la Administración considera existente la no laboralidad de la prestación de servicios por parte del familiar contratado (por ej. ante la existencia de convivencia entre el cónyuge y el socio único de la sociedad para la que prestaba servicios con el control efectivo de la misma), la persona trabajadora deberá acreditar la realidad de la prestación de servicios no solo por actos meramente formales (salario y cotización). (STSJ de Andalucía, rec. 510/2022, de 23 de febrero del 2023, ECLI:ES:TSJAND:2023:1555).

Cuando los únicos ingresos con que cuenta el trabajador familiar son los correspondientes a las remuneraciones provenientes del empresario pariente

La doctrina ha entendido que cuando los únicos ingresos con que cuenta el trabajador familiar son los correspondientes a las remuneraciones que se le abonan por su empresario pariente «(...) dimanantes de la explotación del negocio familiar (...), en donde los servicios prestados por el demandante [trabajador] son para la obtención de frutos o resultados para el patrimonio de la familia de la que forma parte» nos encontramos ante una relación de dependencia económica. (STSJ de Madrid, rec. 1081/2009, de 20 de julio de 2009, ECLI:ES:TSJM:2009:9530).

Prueba sobre la retribución percibida (nóminas, transferencias bancarias, declaraciones de la renta, etc.)

La ausencia de prueba sobre la retribución percibida (no existencia de nóminas, transferencias bancarias, declaraciones de la renta, etc.) impiden hablar de una trabajadora por cuenta ajena (STSJ de Asturias n.º 1634/2013, de

6 de septiembre de 2013, ECLI:ES:TSJAS:2013:2753). No obstante, existirán ocasiones en las que el recibo de salarios pueda ser inequívoco y otros casos donde se considere una mera formalidad y se requiera la concurrencia de mayores pruebas que demuestren la ajenidad.

Como ha especificado la STSJ de Andalucía, rec. 465/2003, de 31 de mayo de 2003, ECLI:ES:TSJAND:2003:8200, la percepción regular de cantidades imputadas al concepto de salario constituye un índice menos determinante del carácter laboral de la relación cuando éste se establece entre personas que reúnen el tipo de parentesco del art. 1.3 del ET. En estos casos se hace especialmente conveniente comprobar que el perceptor no intervenía en la organización de la actividad empresarial y que los resultados de su trabajo no aprovechaban a un fondo familiar común y al que se imputaban los beneficios o pérdidas del negocio, sin que el dato de que la empresa familiar revista la forma jurídica de sociedad desvirtúe esta presunción.

RESOLUCIÓN RELEVANTE

STSJ de Andalucía, rec. 1360/2011, de 19 de enero de 2012

«(...) en el supuesto de autos debe partirse de la presunción de no laboralidad de los servicios prestados por la demandante para la indicada empresa, presunción que puede ser desvirtuada mediante la demostración efectiva y evidente de que quien ha llevado a cabo esos trabajos lo ha hecho realmente como trabajador por cuenta ajena y bajo el ámbito de dirección y organización del empresario, sin que las meras apariencias de laboralidad (existencia de un contrato, recibos de salarios o cotizaciones a la Seguridad Social) sean suficientes para destruir la presunción, sino que será preciso demostrar que no se intervenía en la organización de la actividad empresarial y que los resultados del trabajo no aprovecharon a un fondo familiar común en el que se participaba y al que se le imputaban los beneficios o pérdidas del negocio».

STSJ de Andalucía, rec. 349/1992, de 21 de septiembre de 1993

Se entiende que si el marido personifica la voluntad social de la empresa, resulta realmente difícil entender que haya ajenidad en la prestación de servicios por parte de su mujer en la misma.

STSJ de País Vasco, rec. 810/2010, 18 de mayo de 2010, ECLI:ES:TSJPV:2010:2840

«(...) se excluye de la legislación laboral los trabajos familiares, salvo que se demuestre la condición de asalariados de quienes lo realizan en lo que luego profundizaremos, a los familiares siempre que convivan con el empresario y admitiéndose no solo si éste es persona física sino si es también jurídica».

|| Alta en el RGSS

La presunción de no laboralidad tampoco queda destruida con el alta de la persona trabajadora familiar en la Seguridad Social, «(...) pues aparte de que se realiza con una simple declaración del empresario y del familiar, ni la existencia de nóminas, contrato de trabajo escrito, e incluso cotizaciones al Régimen General de la Seguridad Social, destruyen —por sí solos y sin otros elementos que evidencien, por ejemplo, la transmisión patrimonial efectiva de la retribución que pudiera facultar una vida independiente— la presunción legal en favor de la no laboralidad del trabajo familiar. Es precisamente esa presunción legal lo que la actora, que sostiene la concurrencia del vínculo jurídico laboral, debió destruir mediante prueba idónea que acreditara la ajenidad, la dependencia y la retribución que son sus tres principales elementos configuradores». (STSJ de Asturias n.º 1634/2013, de 6 de septiembre de 2013, ECLI:ES:TSJAS:2013:2753).

Pruebas sobre las tareas realizadas, el cumplimiento de un horario y en la existencia de determinadas directrices

A pesar de la existencia de recibos de salarios o el cumplimiento de un horario, en algunos casos, la doctrina ha entendido necesaria mayor justificación para destruir la presunción de que la relación no es laboral. A modo de ejemplo, no estaría de más justificar las tareas concretas realizadas o su correlación con una categoría profesional específica, así como la existencia de un círculo rector u organizativo. (STSJ de Extremadura, rec. 34/1998, de 27 de enero de 1998).

RESOLUCIONES RELEVANTES

STSJ de las Is. Baleares n.º 86/2011, 23 de febrero de 2011,ECLI:ES:TSJBAL:2011:332

«En el presente caso no hay rastro más allá de los citados recibos de salarios y la leve referencia en los fundamentos jurídicos de la sentencia a un horario a mayores indicios de laboralidad cuando la situación lo requería. No hay referencia, por ejemplo, a las tareas realizadas, cuáles eran en concreto, si se correspondían a la categoría especificada, en qué medida se sometían a unas determinadas directrices. Tampoco hay aclaración de que las percepciones económicas no aprovechaban al fondo familiar común. Ciertamente, de los datos obrantes en el expediente no resulta posible destruir la presunción de que dicha relación no es laboral. Como no puede entenderse que la misma cumple las notas del art. 1.1 ET, no procede analizar las infracciones de los art. 44 y 56 ET».

STSJ de la Comunidad Valenciana, de 11 de septiembre de 2018, n.º 799/2018, ECLI:ES:TSJCV:2018:508

«Pero además en el caso de autos en el que nos hallamos ante la aplicación de un beneficio fiscal, también la aplicación del art 105 LGT hace recaer de lleno sobre la parte actora la carga de la prueba de aquella afirmación. Y siendo así debemos afirmar que la parte actora no ha satisfecho la carga que le corresponde pues no se justifica aquel carácter de la prestación la afirmación de que el horario resulta de los diversos correos acreditados que todos se mandan en horario laboral pues ello es absolutamente insuficiente». (...)

«En definitiva, la existencia de un fondo común de intereses y riesgos, que determina la existencia de vínculo conyugal y un régimen de gananciales, y la falta de acreditación de concretas circunstancias de la prestación, excluye que la relación de trabajo sea dependiente, por encima de una apariencia formal creada, el real sometimiento de la interesada al ámbito organizativo, directivo y disciplinario de terceros, elementos claves del auténtico trabajo por cuenta ajena, no se ha justificado».

Otros ingresos fuera del trabajo como asalariado que eliminen la presunción de estar a cargo del empresario

El requisito de estar a cargo del empresario se ha interpretado con reiteración como tener como únicos ingresos los procedentes del empleador. Así las cosas, la STSJ de Castilla La-Mancha n.º 204/2019, de 17 de junio de 2019, ECLI:ES:TSJCLM:2019:2014, interpreta que este requisito no se da cuando la persona trabajadora cuenta con ingresos (derivados de una prestación de la Seguridad Social), de unos 750 euros mensuales, que se perciben «(...) al margen de los que resultan de la actividad desempeñada por el actor para su esposa, por lo que debe concluirse que no cabe aplicar, en este caso, la presunción en que se funda la Administración demandada para disponer la procedencia de la inclusión del recurrente en el RETA».

Cotitularidad de la cuenta bancaria en la que el familiar contratado recibe las retribuciones de su trabajo

La STSJ de Castilla y León n.º 146/2021, de 16 de julio de 2021, ECLI:ES:TSJCL:2021:2935, atendiendo precisamente a la cotitularidad de la cuenta bancaria en la que la esposa contratada residencia las retribuciones de su trabajo, considera que no es posible entender que su trabajo lo desempeña por cuenta ajena y ello porque, «(...) en atención al origen de esos fondos compartidos (que es el factor determinante para descubrir la verdadera cotitularidad como indica la Resolución DGT que cita el recurso), provienen del trabajo de la esposa todas las retribuciones que perciben ambos cónyuges por su trabajo son comunes, y les corresponderán por mitad, consecuencia del régimen de gananciales que además, en este caso, rige el matrimonio de los cónyuges. Por tanto, no sólo es la cotitularidad de la cuenta la que determina la falta de ajenidad (que si puede constituir reflejo de lo que ha sido una sociedad anterior poco acorde con el protagonismo que adquirido la mujer y trabajadora en nuestros tiempos), sino que este dato coadyuva a que la presunción de no laboralidad se refuerce, teniendo presente que el régimen de gananciales aquí vigente hace inevitable que las retribuciones que reciben ambos sean comunes. Atendido el origen de esos fondos igualmente la respuesta iba a ser la de compartir los frutos obtenidos del trabajo desempeñado, por tanto, no es posible apreciar la ajenidad que defiende la demanda».

Tributación fiscal de manera separada

La presentación de la declaración del IRPF por los rendimientos de trabajo de forma separada también puede ser tenida en cuenta como un indicio de ajenidad o de existencia de trabajo retribuido por cuenta ajena. (STSJ de Andalucía n.º 1528/2018, de 26 de septiembre de 2018, ECLI:ES:TSJAND:2018:13561).

Existencias de régimen de gananciales o separación de bienes

Como analizaremos la normativa no somete la presunción (o no) de laboralidad a la existencia de un régimen ganancial entre los cónyuges, no obstante, **un régimen legal de separación de bienes ayudará a demostrar una relación laboral existente entre las partes o, como mínimo, mostrar cierta independencia.**

Cuando se acredite la condición de asalariado del familiar, ha de ser reconocida la de trabajador por cuenta ajena con independencia de la existencia de un régimen de gananciales o separación de bienes. (STSJ de Murcia n.º 941/1999, de 27 de julio de 1999, ECLI:ES:TSJMU:1999:1765).

‖ **Ingresos de escasa cuantía por el trabajo realizado para el familiar**

La STSJ de Cataluña n.º 5259/2023, de 22 de septiembre del 2023, ECLI:ES:TSJCAT:2023:8794, ha considerado que el trabajador familiar vive a su cargo dado que los «(...) ingresos que percibe en nómina son de escasa cuantía y por ello que depende económicamente (...)» del autónomo titular.

2.4. Control efectivo de la sociedad: ¿cómo opera la presunción de control efectivo?

A los efectos del LGSS se declaran expresamente comprendidos en el RETA: (...)

> «b) Quienes ejerzan las funciones de dirección y gerencia que conlleva el desempeño del cargo de consejero o administrador, o presten otros servicios para una sociedad de capital, a título lucrativo y de forma habitual, personal y directa, siempre que posean el control efectivo, directo o indirecto, de aquella. Se entenderá, en todo caso, que se produce tal circunstancia, cuando las acciones o participaciones del trabajador supongan, al menos, la mitad del capital social.
>
> Se presumirá, salvo prueba en contrario, que el trabajador posee el control efectivo de la sociedad cuando concurra alguna de las siguientes circunstancias:
>
> 1.º Que, al menos, la mitad del capital de la sociedad para la que preste sus servicios esté distribuido entre socios con los que conviva y a quienes se encuentre unido por vínculo conyugal o de parentesco por consanguinidad, afinidad o adopción, hasta el segundo grado.
>
> 2.º Que su participación en el capital social sea igual o superior a la tercera parte del mismo.
>
> 3.º Que su participación en el capital social sea igual o superior a la cuarta parte del mismo, si tiene atribuidas funciones de dirección y gerencia de la sociedad.
>
> En los supuestos en que no concurran las circunstancias anteriores, la Administración podrá demostrar, por cualquier medio de prueba, que el trabajador dispone del control efectivo de la sociedad».

Con carácter general, la presunción de laboralidad no se circunscribe a los casos en que el destinatario de los servicios es una persona física que actúa como empresario. La circunstancia de que la empresa revista la forma jurídica de sociedad no desvirtúa, por sí sola, el juego de la presunción y la posible influencia del parentesco sobre la calificación de la prestación de servicios como extralaboral; o dicho de otro modo, **cuando la empresa sea un persona jurídica, no se colige necesariamente que no exista trabajo familiar y sí una actividad por cuenta ajena y de naturaleza laboral.**

Como estamos tratando a lo largo de la obra, el vínculo de parentesco entre quien presta servicios y los socios es relevante para la calificación de la relación como laboral o no laboral. A efectos prácticos, y simplificando al máximo todo el trasfondo de la presunción del control efectivo de la empresa, podríamos decir que, **cuanto más se reduzca la presencia familiar en el control de la sociedad/empresa, más evidente se presentará la naturaleza laboral de los servicios prestados.**

En estos casos será necesario reparar en la intensidad que alcance la participación familiar (si es o no mayoritaria), así como en si la administración de la empresa recae en miembros de la familia totalmente, de forma principal o marginalmente; o hasta si figura cerrada para éstos.

Tomando como referencia los parámetros establecidos por los arts. 136 y 305 de la LGSS, se configura como esencial para determinar si un trabajador de una mercantil debe causar alta en el Régimen Especial de Trabajadores Autónomos o en el RGSS «el control efectivo, directo o indirecto» de esa mercantil. **Frente a la presunción *iuris et de iure* de que el control efectivo de la sociedad recae en quien, al menos, posea la mitad del capital social, se establecen otra serie de supuestos en el que se crea una presunción *iuris tantum*** (STSJ de Andalucía n.º 1685/2020, de 18 de junio de 2020, ECLI:ES:TSJAND:2020:4784). De esta forma:

- Se entenderá, en todo caso (sin necesidad de prueba en contrario), que se produce el control efectivo de la sociedad, cuando las acciones o participaciones del trabajador supongan, al menos, la mitad del capital social.

- Se presumirá (salvo prueba en contrario) que el trabajador posee el control efectivo de la sociedad cuando concurra alguna de las siguientes circunstancias (art. 305 de la LGSS):

  1. Que, al menos, la mitad del capital de la sociedad para la que preste sus servicios esté distribuido entre socios con los que conviva y a quienes se encuentre unido por vínculo conyugal o de parentesco por consanguinidad, afinidad o adopción, hasta el segundo grado.

  2. Que su participación en el capital social sea igual o superior a la tercera parte del mismo.

  3. Que su participación en el capital social sea igual o superior a la cuarta parte del mismo, si tiene atribuidas funciones de dirección y gerencia de la sociedad.

En los supuestos en que no concurran las circunstancias anteriores, la Administración tendrá que demostrar, por cualquier medio de prueba, que el trabajador dispone del control efectivo de la sociedad.

JURISPRUDENCIA

STS, rec. 3493/1993, de 14 de junio de 1994, ECLI:ES:TS:1994:4578

Una participación de alrededor del 10 % en la sociedad titular de la empresa no desvirtúa la nota de ajenidad en los servicios prestados a una sociedad anónima de propiedad familiar, cuando además en el caso enjuiciado tampoco consta convivencia con otro u otros miembros de la familia titulares de acciones que pudiera, a partir de una cierta cuota de participación conjunta en la propiedad del capital social, dar lugar a un patrimonio o fondo común, en el que ingresaran los frutos o resultados del trabajo prestado. A ello debe añadirse que la pertenencia de la actora (por cierto tiempo, y no subsistente en el momento del cese en el trabajo) al consejo de administración de la sociedad titular de la empresa no es obstáculo, según la interpretación jurisprudencial del art. 1.3.c. del Estatuto de los Trabajadores (TS 15 febrero 1990), al reconocimiento de una relación laboral común desarrollada simultáneamente con dicha sociedad.

STS, rec. 1971/2000, de 13 de marzo de 2001, ECLI:ES:TS:2001:2028

«Precisamente la reiterada doctrina de este Tribunal referida a supuestos de prestaciones de desempleo en relación a trabajadores familiares de socios de personas jurídicas, se parte de que no concurre la circunstancia de "estar a cargo" por cuanto la retribución se percibe no es a costa "de un patrimonio familiar común" y, por ello no se desvirtúa la nota de ajenidad (S.T.S de 25 noviembre de 1997, Recurso 771/1997). En este sentido reconocen la relación laboral y entienden que se destruye la presunción "iuris tantum" de no laboralidad, la sentencia de 19 de diciembre de 1997 Recurso 1048/97) porque, "si bien el actor es hijo de la socio mayoritaria de la compañía (su madre), no consta que conviva con ella ni a su cargo ... y aunque la esposa del demandante es también socio de esa sociedad e incluso administradora única, y además los dos cónyuges viven en el mismo domicilio, lo cierto es que la participación que la mujer del actor tiene en el capital social no alcanza, en modo alguno, el 50 % del mismo (tan sólo tiene un 30 %), y tampoco puede considerarse probado que su marido viva a su cargo, máxime cuando se ha demostrado que cobraba un sueldo mensual" y, la sentencia de 19 de abril de 2000 Rec. 770/1999) porque, "la participación que el esposo de la actora tiene en el capital social no alcanza, en modo alguno, el 50 % del mismo (tan solo tiene un 30 %)"».

RESOLUCIONES RELEVANTES

STSJ de País Vasco n.º 59/2023, de 1 de febrero del 2023, ECLI:ES:TSJPV:2023:807

«(...) no cabe sino ratificar que no estamos ante un supuesto de inclusión en el RETA, en los términos que recoge el artículo 305.1 del texto refundido de la Ley General de la Seguridad Social, en relación con personas físicas mayores de 18 años que realicen de forma habitual personal directa por cuenta propia y fuera del ámbito de dirección y organización de otra persona, una actividad económica o profesional a título lucrativo, dado que tenemos que concluir que no concurría esa situación.

En este caso, por lo razonado, se presenta como subsidiario, y por ello no es relevante, el porcentaje de titularidad de las participaciones sociales del demandante y su esposa, en régimen de gananciales, por lo que no cabe entrar en consideraciones sobre las responsabilidades derivadas, en su caso, en relación con deudas de las sociedades mercantiles, que enlaza con lo que se introdujo en conclusiones por el demandante, al achacar a la Tesorería General de la Seguridad Social actuar en contra de sus propios actos, con remisión a procedimientos en los que la administración reclamaba deudas, en concreto cuotas de Seguridad Social impagadas, al considerar en esos supuestos que si se generaban por un trabajador casado en gananciales la deuda era ganancial, reclamando ambos cónyuges, cuando, se recalca, en relación con el demandante se pretendería dejar de lado la titularidad real de las acciones de la empresa Endu Obras S.L., para, de forma contraria a derecho, aplicar la presunción iuris et de iure del artículo 305.2.b) párrafo primero, del texto refundido de la Ley General de la Seguridad Social».

STSJ de Madrid, rec. 819/2021 de 11 de octubre del 2023, ECLI:ES:TSJM:2023:10934

Analizando la adecuación del alta en el RETA realizada de oficio por la TGSS y la presunción de certeza de las actas de la ITSS:

«La carga de acreditar que la recurrente poseía el control efectivo de la sociedad familiar correspondía a la parte actora sin que conste que ante la Administración propusiera o aportara prueba alguna al efecto; tampoco consta que lo hiciera al presentar su recurso extraordinario de revisión, ni tampoco ha aportado prueba fehaciente alguna en este proceso (no podría nunca considerarse como tal la testifical de sus progenitores), ya que la presunción de certeza con la cual la ley reviste a los hechos constatados por la Inspección efectivamente puede ser desvirtuada de contrario, pero para ello se precisa de una prueba reforzada con virtualidad suficiente para destruir la presunción. Y solo la parte actora podrá acreditar el hecho del control efectivo, y no el mero desarrollo de las funciones propias de una administradora única».

STSJ de Andalucía n.º 902/2003, de 31 de mayo de 2003, ECLI:ES:TSJAND:2003:8200

Analizando un supuesto en el que el esposo de la supuesta trabajadora es socio fundador del 50 % de las acciones de la empresa, siendo administrador solidario de la misma, la sala de lo social entiende:

«(...) parece razonable considerar que no es trabajador dependiente y por cuenta ajena, ni sujeto protegido frente al desempleo, el trabajador de una sociedad anónima, suscriptor de una de sus acciones y cuyo cónyuge, con el que convive, es accionista mayoritario y uno de los dos administradores solidarios de la misma, pues semejantes circunstancias evidencian que aquél «más bien compartía el interés por los frutos y riesgos de la empresa».

Por el contrario, si la participación de la familia en el capital social, aún elevada, no alcanza la mayoría ni la administración aparece asumida exclusiva o principalmente por miembros de aquélla, se tienen elementos de juicio para sostener la ruptura de la presunción de trabajo familiar y que los servicios prestados a la empresa por parientes (en alguno de los grados indicados en el art. 7 núm. 2 LGSS) de los parcialmente titulares del capital social y partícipes en la administración admiten la calificación de laborales.

Así se ha entendido en el caso del contratado como auxiliar administrativo por una sociedad anónima de la que su cónyuge, con el que convive, y un tercero son los administradores solidarios y propietarios, cada uno, de la mitad de las acciones. Este reparto de capital y administración por mitad entre familiares y extraños a la familia puede tomarse como barrera rebasada la cual una menor participación de los primeros o de los segundos inclina la solución, respectivamente, a favor o no de la calificación de la relación como laboral. A partir de ahí, cuanto más se reduzca la presencia familiar en el control de la sociedad/empresa más evidente se presentará la naturaleza laboral de los servicios prestados».

2.5. Existencia de los elementos del contrato de trabajo: ¿cómo demostrar que la contratación laboral es verdadera?

Los elementos básicos del contrato de trabajo son la voluntariedad, la remunerabilidad, la personalidad, la ajenidad y la dependencia, en consonancia con el carácter voluntario, personal, retribuido, dependiente y por cuenta ajena que define el ámbito de aplicación del derecho del trabajo.

Presunción de laboralidad

El contrato de trabajo es la institución central sobre la que va a surgir la posterior conformación del Derecho del Trabajo y de la Seguridad Social, aunque conviene precisar que no significa que sea la única; a su lado existen una pluralidad de relaciones jurídicas que se construyen en torno a lo que se ha denominado Derecho Colectivo del Trabajo, Derecho de la Seguridad Social, Derecho Procesal laboral, etc.

Una prestación de servicios sólo será tutelada por el Derecho del Trabajo en la medida en que contenga las notas configuradoras de la laboralidad. Así, una misma prestación de servicios será objeto laboral, distinto del civil, siempre que ese servicio se preste bajo la observancia de determinados elementos y requisitos. Para la existencia del contrato, han de darse presupuestos indispensables como (art. 1261 del Código Civil) consentimiento de los contratantes, el objeto cierto que sea materia del contrato y la causa de la obligación que se establezca. (STS, rec. 2869/2001, de 19 de julio de 2002, ECLI:ES:TS:2002:9177 y STS, rec. 2606/2004, de 3 de mayo de 2005, ECLI:ES:TS:2005:2773).

Es doctrina tópica que la naturaleza de los contratos no se determina por la denominación que le otorgan las partes sino por la realidad de las funciones que en su virtud tenga lugar, por ello si estas funciones entran dentro de lo previsto en el art. 1 del ET, el contrato tendrá índole laboral cualquiera que sea el nombre que los contratos le dieran. De esta forma, aparte de la **presunción de laboralidad** que el art. 8.1 del ET atribuye a la relación existente entre quien presta un servicio retribuido y quien lo recibe, el propio Estatuto, en su art. 1.1, delimita, desde el punto de vista positivo, la relación laboral, calificando de tal la prestación de servicios con carácter voluntario cuando concurran, además de dicha voluntariedad, tres notas que también han sido puestas reiteradamente de manifiesto por la jurisprudencia, cuales son, «la ajenidad en los resultados, la dependencia en su realización y la retribución de los servicios». (Por todas, STS, rec. 2869/2001, de 19 de julio de 2002, ECLI:ES:TS:2005:2773).

Sobre los criterios a seguir para determinar si existe o no relación laboral, la jurisprudencia es clara (STS, rec. 2806/2015, de 16 de noviembre de 2017, ECLI:ES:TS:2017:4552 y STS n.º 586/2020, de 2 de julio de 2020, ECLI:ES:TS:2020:2440):

> «a) La calificación de los contratos no depende de la denominación que les den las partes contratantes, sino de la configuración efectiva de las obligaciones asumidas en el acuerdo contractual y de las prestaciones que constituyen su objeto.
>
> b) En el contrato de arrendamiento de servicios el esquema de la relación contractual es un genérico intercambio de obligaciones y prestaciones de trabajo con la contrapartida de un precio o remuneración de los servicios. El contrato de trabajo es una especie del género anterior que consiste en el intercambio de obligaciones y prestaciones de trabajo dependiente por cuenta ajena a cambio de retribución garantizada.
>
> Cuando concurran, junto a las notas genéricas de trabajo y retribución, las notas específicas de ajenidad del trabajo y de dependencia en el régi-

men de ejecución del mismo nos encontramos ante un contrato de trabajo, sometido a la legislación laboral.

c) Tanto la dependencia como la ajenidad son conceptos de un nivel de abstracción bastante elevado, que se pueden manifestar de distinta manera. De ahí que en la resolución de los casos litigiosos se recurra con frecuencia para la identificación de estas notas del contrato de trabajo a un conjunto de hechos indiciarios de una y otra.

d) Los indicios comunes de la nota de dependencia más habituales son: la asistencia al centro de trabajo y del empleador o al lugar de trabajo designado por este y el sometimiento a horario, el desempeño personal del trabajo, compatible en determinados servicios con un régimen excepcional de suplencias o sustituciones; la inserción del trabajador en la organización de trabajo del empleador o empresario, que se encarga de programar su actividad; y, reverso del anterior, la ausencia de organización empresarial propia del trabajador.

e) Indicios comunes de la nota de ajenidad son, entre otros: la entrega o puesta a disposición del empresario por parte del trabajador de los productos elaborados o de los servicios realizados; la adopción por parte del empresario —y no del trabajador— de las decisiones concernientes a las relaciones de mercado o con el público, como fijación de precios o tarifas, y la selección de clientela, o personas a atender; el carácter fijo o periódico de la remuneración del trabajo; y su cálculo con arreglo a un criterio que guarde una cierta proporción con la actividad prestada, sin el riesgo y sin el lucro especial que caracterizan a la actividad del empresario o al ejercicio libre de las profesiones.

f) En el caso concreto de las profesiones liberales, son indicios contrarios a la existencia de laboralidad la percepción de honorarios por actuaciones o servicios fijados de acuerdo con indicaciones corporativas o la percepción de iguales o cantidades fijas pagadas directamente por los clientes. En cambio, la percepción de una retribución garantizada a cargo no del cliente, sino de la empresa contratante en función de una tarifa predeterminada por acto, o de un coeficiente por el número de clientes atendidos, constituyen indicios de laboralidad, en cuanto que la atribución a un tercero de la obligación retributiva y la correlación de la remuneración del trabajo con criterios o factores estandarizados de actividad profesional manifiestan la existencia de trabajo por cuenta ajena».

Profundizando en la configuración de las obligaciones y prestaciones del **contrato del arrendamiento de servicios** regulado en el Código Civil, el TS ha concretado que el mismo no es incompatible con la del contrato de trabajo propiamente dicho, al haberse desplazado su regulación, por evolución legislativa, del referido código a la legislación laboral actualmente vigente. En efecto, en el contrato de arrendamiento de servicios el esquema de la relación contractual es un genérico intercambio de obligaciones y prestaciones de trabajo con la contrapartida de un precio o remuneración de los servicios. En el contrato de trabajo dicho esquema o causa objetiva del tipo contractual es una especie del género anterior que consiste en el intercambio de obligaciones y prestaciones de trabajo dependiente por cuenta ajena a cambio de retribución garantizada. Así, pues, cuando concurren, junto a las notas genéricas de trabajo y retribución, las notas específicas de ajenidad del trabajo y de dependencia en el régimen de ejecución del mismo nos encontramos ante un contrato de trabajo, sometido a la legislación laboral. En sentido contrario, *a sensu* contrario para la declaración de existencia de arrendamiento de servicios y no de una relación laboral se exige que la prestación del demandante se limite a la práctica de actos profesionales concretos, sin sujeción ninguna a jornada, vacaciones, ordenes, instrucciones practicando su trabajo con entera libertad; esto es, realizando su trabajo con independencia y asunción del riesgo empresarial inherente a toda actividad de esta naturaleza. (STS n.º 44/2018, de 24 de enero de 2018, ECLI:ES:TS:2018:608). Se tratará de un contrato de arrendamiento de servicios y **no de una relación laboral cuando** el demandante (sentencia del TS n.º 45/2018, de 24 de enero de 2018, ECLI:ES:TS:2018:588):

- Se limita a la práctica de actos profesionales concretos.
- No está sujeto a jornada, vacaciones, órdenes, ni instrucciones.
- Practica su trabajo con entera libertad; con independencia y asunción del riesgo empresarial.

En cualquier caso, el concepto legal de trabajador por cuenta ajena exige que haya una prestación de servicios voluntaria, retribuida, ajena y dependiente (art. 1.1 del ET).

JURISPRUDENCIA

STS, rec. 1712/1992, de 17 de julio de 1993, ECLI:ES:TS:1993:5445

Es reiterada la jurisprudencia de la Sala de lo Social del TS se declara la irrelevancia de la calificación que las partes otorguen a un contrato, señalando que la naturaleza jurídica de un ente contractual viene determinada por el conjunto de derechos y obligaciones que se pactan y las que realmente se ejercitan (STS, rec. 4040/1998, de 20 de julio de 1999, ECLI:ES:TS:1999:5284 y que la dependencia (entendida como situación del trabajador sujeto, aun en forma flexible y no rígida, ni intensa a la esfera organicista y rectora de la empresa), y la ajenidad, respecto al régimen de retribución, constituyen elementos esenciales que diferencian la relación de trabajo de otros tipos de contrato (STS, rec. 4062/1997, de 20 de octubre de 1998, ECLI:ES:TS:1998:6023); si bien el requisito de dependencia no concurre cuando el contratado actúa con plena autonomía (STS, rec. 615/1993, de 7 de marzo de 1994, ECLI:ES:TS:1994:1514), aunque «mal puede ser empresario de una determinada explotación quien carece de facultades y poderes sobre los medios patrimoniales propios de la misma» y «también es difícil atribuir tal calidad a quien no asume los riesgos propios del negocio, pues esa asunción de riesgos es nota específica del carácter empresarial».

STS, rec. 739/2013, de 3 de noviembre de 2014, ECLI:ES:TS:2014:5118

La *línea divisoria entre el contrato de trabajo y otros vínculos de naturaleza análoga* (particularmente la ejecución de obra y el arrendamiento de servicios), regulados por la legislación civil o mercantil, no aparece nítida ni en la doctrina, ni en la legislación, y ni siquiera en la realidad social. Y ello es así, porque en el contrato de arrendamiento de servicios el esquema de la relación contractual es un genérico intercambio de obligaciones y prestaciones de trabajo con la contrapartida de un *«precio»* o remuneración de los servicios, en tanto que el contrato de trabajo es una especie del género anterior, consistente en el intercambio de obligaciones y prestaciones de trabajo, pero en este caso dependiente, por cuenta ajena y a cambio de retribución garantizada. En consecuencia, la materia se rige por el más puro casuismo, de forma que es necesario tomar en consideración la totalidad de las circunstancias concurrentes en el caso, a fin de constatar si se dan las notas de ajenidad, retribución y dependencia, en el sentido en que estos conceptos son concebidos por la jurisprudencia.

STS, rec. 536/2012, de 26 de noviembre de 2012, ECLI:ES:TS:2012:8640 y STS, rec. 2569/2012, 9 de julio de 2013, ECLI:ES:TS:2013:4356

Se citan *indicios contrarios a la existencia de relación laboral* en relación con el requisito de la dependencia que son resumidos por la primera de las sentencias citadas diciendo que no parece de más señalar que los indicios comunes de dependencia más habituales en la doctrina jurisprudencial son seguramente la asistencia al centro de trabajo del empleador o al lugar de trabajo designado por éste y el sometimiento a horario; y que también se utilizan como hechos indiciarios de dependencia, entre otros, el desempeño personal del trabajo, compatible en determinados servicios con un régimen excepcional de suplencias o sustituciones; la inserción del trabajador en la organización de trabajo del empleador o empresario, que se encarga de programar su actividad; y, reverso del anterior, la ausencia de organización empresarial propia del trabajador. Y que son indicios comunes de la nota de ajenidad, entre otros, la entrega o puesta a disposición del empresario por parte del trabajador de los productos elaborados o de los servicios realizados; la adopción por parte del empresario y no del trabajador de las decisiones concernientes a las relaciones de mercado o de las relaciones con el público, como fijación de precios o tarifas, selección de clientela, indicación de personas a atender; el carácter fijo o periódico de la remuneración del trabajo; y el cálculo de la retribución o de los principales conceptos de la misma con arreglo a un criterio que guarde una cierta proporción con la actividad prestada, sin el riesgo y sin el lucro especial que caracterizan a la actividad del empresario o al ejercicio libre de las profesiones.

Voluntariedad

La nota de voluntariedad que aparece reflejada en el art. 1.1 del Estatuto de los Trabajadores para excluir de su régimen a las prestaciones personales obligatorias. El art. 1.3.b) del ET excluye expresamente del ámbito de aplicación de la legislación laboral las prestaciones de servicios que se realizan con carácter forzoso u obligatorio por imposición legal.

La determinación de cuándo una específica relación se puede calificar como laboral, es particularmente compleja en aquellas materias que integran lo que se suele conocer como *«zonas grises»* o fronterizas del derecho, en que la prestación de servicios presenta una diversidad de rasgos de distinta naturaleza que pueden llevar a encuadrarla en una u otra rama del derecho. En estos casos, lo esencial es establecer la concurrencia de las notas que determina el art. 1.1 del Estatuto de los Trabajadores, delimitando, desde el punto de vista positivo, la relación laboral, calificando como tal la prestación de servicios con **carácter voluntario** cuando concurran, además de dicha voluntariedad, tres notas que también han sido puestas reiteradamente de manifiesto por la jurisprudencia, cuales son la ajenidad en los resultados, la dependencia en su realización y la retribución de los servicios. (STSJ de Asturias n.º 1818/2019, de 25 de julio, ECLI:ES:TSJAS:2019:1607).

La voluntariedad en la realización de la prestación de servicios debe encontrarse tanto en el momento de la prestación del consentimiento como durante la propia realización de la prestación. En este sentido el apdo. 1 d) del art. 49 ET, contempla el **libre desistimiento del trabajador,** como forma de extinción del contrato de trabajo.

La importancia del carácter voluntario de la prestación laboral radica en la exclusión del ámbito de aplicación del Derecho del Trabajo de toda **prestación personal obligatoria,** retribuida o no.

Remunerabilidad: ¿Cuándo existe la condición de asalariado?

El objeto del contrato de trabajo regulado por el ordenamiento laboral ha de ser oneroso, lo que implica una contraprestación de contenido económico, aunque ello no excluye, que existan trabajos donde no se genere dicha compensación económica o salario. En cualquier caso, estos trabajos gratuitos quedarían fuera del ámbito laboral, sin que en principio obste a la existencia de la citada relación laboral la reducida cuantía de la misma o sus diferentes modalidades.

Aparte de la presunción *iuris tantum* de laboralidad que el art. 8 del ET atribuye a la relación existente entre quien presta un servicio retribuido y quien lo recibe, el propio Estatuto de los Trabajadores, en su artículo 1.1, delimita, desde el punto de vista positivo, la relación laboral, calificando de tal la prestación de servicios con carácter voluntario cuando concurran, además de dicha voluntariedad, tres notas que también han sido puestas reiteradamente de manifiesto por la jurisprudencia, cuales son, la ajenidad en los resultados, la dependencia en su realización y la retribución de los servicios. (STSJ de Canarias n.º 1144/2023, de 27 de julio de 2023, ECLI:ES:TSJICAN:2023:2291).

Como hemos analizado al tratar las características de los trabajos amistosos, benévolos o de buena vecindad, el art. 1.3. d) del ET, excluye de su ámbito de aplicación los trabajos realizados a título de amistad, benevolencia o buena vecindad. La exclusión se justifica, por un lado, porque el prestador de servicios no tiene un vínculo obligatorio con el empresario, y por tanto no existe deber jurídico de obedecer, faltando el requisito de la dependencia; y, por otro lado en que, además, es un servicio sin retribución, gratuito y cercano a la donación.

La TGSS encuentra grandes dificultades para obtener pruebas directas de las contrataciones realizadas en fraude de Ley y, por ello, acude a la constitución de pruebas indiciarias, aptas para destruir la presunción de inocencia partiendo de hechos plenamente probados y anudando a estas deducciones lógicas. Para obtener estos indicios se examinará la conducta del supuesto trabajador y el supuesto empleador antes, durante y después del posible alta en la seguridad fraudulenta.

El primer indicio que se valorará será la **falta de acreditación objetiva del abono del salario.** Si no consta presentado ningún recibo salarial, no basta con la confección de una nómina, será preciso acreditar el abono efectivo.

Si realmente se hubiese realizado pago alguno debería haber quedado constancia de que el supuesto empleador ha dispuesto de dinero en efectivo suficiente para realizar el pago del salario pactado.

No pudiendo acreditarse que se trate de servicios retribuidos nos encontraríamos ante un alta indebida. En estos casos serán aplicables los arts. 59 y 60 del Real Decreto 84/1996, de 26 de enero, por el que se aprueba el Reglamento General sobre inscripción de empresas y afiliación, altas, bajas y variaciones de datos de trabajadores en la Seguridad Social.

JURISPRUDENCIA

STS, rec. 739/2013, de 3 de noviembre de 2014, ECLI:ES:TS:2014:5118

«La línea divisoria entre el contrato de trabajo y otros vínculos de naturaleza análoga [particularmente la ejecución de obra y el arrendamiento de servicios], regulados por la legislación civil o mercantil, no aparece nítida ni en la doctrina, ni en la legislación, y ni siquiera en la realidad social. Y ello es así, porque en el contrato de arrendamiento de servicios el esquema de la relación contractual es un genérico intercambio de obligaciones y prestaciones de trabajo con la contrapartida de un "precio" o remuneración de los servicios, en tanto que el contrato de trabajo es una especie del género anterior, consistente en el intercambio de obligaciones y prestaciones de trabajo, pero en este caso dependiente, por cuenta ajena y a cambio de retribución garantizada. En consecuencia, la materia se rige por el más puro casuismo, de forma que es necesario tomar en consideración la totalidad de las circunstancias concurrentes en el caso, a fin de constatar si se dan las notas de ajenidad, retribución y dependencia, en el sentido en que estos conceptos son concebidos por la jurisprudencia».

RESOLUCIONES RELEVANTES

STS de Canarias, rec. 46/2016, de 4 de julio de 2016, ECLI:ES:TSJICAN:2016:2357

«En este caso no ha quedado demostrado que la apoderada percibiese retribución por sus gestiones en representación de la empresa. Si bien las reglas de la experiencia llevan a pensar que nadie hace prestaciones de forma gratuita, salvo las prestaciones hechas por liberalidad o carácter voluntario y generoso, lo cierto es que a sensu contrario, no es posible alcanzar una presunción de remuneración, para entender constituida una relación de trabajo.

En consecuencia, al no tener por probada una remuneración en el ejercicio del apoderamiento, no cabe considerar conforme a Derecho el alta de oficio de este acto recurrido. Procede estimar el recurso contencioso- administrativo y anular el acto administrativo recurrido».

STSJ de Castilla y León, rec. 555/2012, de 30 de mayo de 2012, ECLI:ES:TSJCL:2012:2847

«(...) no concurren las características que conforme al artículo 1.1 del Estatuto de los Trabajadores configuran la relación laboral, esto es, la ajenidad, la dependencia y la retribución (características afirmadas desde hace mucho tiempo por el Tribunal Supremo, por todas, sentencias de 4 de febrero de 1984 y 21 de enero de 1985), sino las propias del trabajo familiar y de ayuda entre los cónyuges. A este respecto, no tenemos constancia de que don Elvira atendiese habitualmente el establecimiento regentado por su compañera sentimental, sino que únicamente sabemos que lo hizo un día determinado por las circunstancias de la enfermedad de una de las hijas que tienen en común (así lo viene a decir el Magistrado en el

fundamento de derecho cuarto). Por otro lado, faltan en los hechos probados tanto el sometimiento al ámbito rector de la empresa como el abono de la retribución con lo que no entra en juego tampoco la presunción de relación laboral contenida en el artículo 8.1 del Estatuto de los Trabajadores, según el cual se presumirá existente el contrato de trabajo entre todo el que presta un servicio por cuenta y dentro del ámbito de organización y dirección de otro y el que lo recibe a cambio de una retribución a aquél».

Ajenidad y dependencia

La dependencia y la ajenidad son conceptos abstractos que se manifiestan de forma distinta según cuál sea la actividad y el modo de producción y que guardan entre sí una relación estrecha:

- La **ajenidad** consiste en la atribución *ab initio* de los frutos del trabajo al empresario, esto es, que el producto del trabajo no pertenece al operario, sino que directamente se incorpore al patrimonio del empleador. En el momento en el que se trabaja para otro, no por cuenta de otro, queda enlazada esta idea con la de la asunción del riesgo. (STS n.º 44/2018, de 24 de enero, ECLI:ES:TS:2018:608).

- La **dependencia**, equiparada comúnmente a la subordinación que supone la sujeción del trabajador a las órdenes del empleador —por supuesto dentro del ámbito estricto del objeto de la prestación, como disponen los artículos 5, c) y 54.2, b) del Estatuto— o, en expresión de abundantísima jurisprudencia, su pertenencia al círculo rector y organicista de la o su inclusión en su ámbito de dirección y organización.

De ahí que en la resolución de los casos litigiosos se recurra con frecuencia para la identificación de estas notas del contrato de trabajo a un conjunto de indicios o hechos indiciarios de una y otra. Estos indicios son unas veces comunes a la generalidad de las actividades o trabajos y otras veces específicos de ciertas actividades laborales o profesionales.

Porque ciertamente la dependencia —entendida como situación del trabajador sujeto, aún en forma flexible y no rígida, a la esfera organicista y rectora de la empresa—, y la ajenidad, respecto al régimen de retribución, constituyen elementos esenciales que diferencian la relación de trabajo de otros tipos de contrato.

> **A TENER EN CUENTA.** La ausencia de ajenidad excluye determinadas prestaciones de la aplicación de la normativa laboral, como por ejemplo: el trabajo de consejeros o miembros de órganos de administración [art. 1.3 c) ET]. La prestación de las personas que intervienen en operaciones mercantiles asumiendo el riesgo y ventura de las mismas [art. 1.3.f) del ET], y los transportistas que presten sus servicios con vehículo propio y requieren de una autorización administrativa para poder realizar dicha prestación [art. 1.3 g) ET]. (STS, rec. 3334/2007, de 22 de julio de 2008, ECLI:ES:TS:2008:5121).

Habitualidad

El art. 1.3.d) del ET, excluye de su ámbito de aplicación los trabajos realizados a título de amistad, benevolencia o buena vecindad.

Más adelante analizaremos que una ayuda ocasional en el negocio familiar no supone la existencia de relación laboral. (Ver punto: 3.3. Ayuda ocasional en el negocio familiar: ¿puede un familiar ayudar en un negocio sin estar asegurado?).

3.
TIPOS DE CONTRATACIÓN PARA FAMILIARES: ¿EN QUÉ RÉGIMEN DE LA SEGURIDAD SOCIAL ENCUADRO A MI FAMILIAR?

Teniendo en cuenta todos los aspectos tratados analizaremos las distintas situaciones que podremos encontrar a la hora de contratar a un familiar en nuestra empresa. Se trata de dar una respuesta, en base a los parámetros analizados, a la pregunta que siempre se plantea: **¿puedo contratar como asalariado ordinario o es necesario que mi familiar curse alta en el RETA?**

- **Encuadramiento dentro del Régimen General de la Seguridad Social (RGSS):** el familiar debe realizar un trabajo que pueda demostrarse por cuenta ajena (es decir, que la ajenidad se aprecie respecto al empresario) y sin que exista una convivencia (económica) entre él, como empresario, y su hijo o familiar, como trabajador.

- **Encuadramiento como autónomo:** en caso contrario al anterior (convivencia y falta de ajenidad) el familiar ha de considerarse trabajador autónomo o autónomo colaborador.

3.1. Contratación de familiares de 1.º y 2.º grado de consanguinidad o afinidad: cónyuge e hijos

La legislación laboral fija la presunción de trabajo familiar no asalariado hasta el segundo grado de parentesco por consanguinidad, afinidad o adopción. Es decir, hasta el segundo grado la condición de autónomo se presume debiendo demostrarse —para excluir a estas personas de alta obligatoria en el RETA como autónomo colaborador— la condición de asalariados.

3.1.1. Posibilidades de contratación en el caso de un autónomo titular persona física

Alta del familiar como autónomo colaborador del familiar

Salvo prueba de laboralidad en esta situación se encuentra el cónyuge y los parientes del trabajador por cuenta propia o autónomo que realicen trabajos de forma habitual y no tengan la consideración de trabajadores por cuenta ajena (art. 12 de la LGSS).

- **Normativa de análisis:** la inexistencia de una normativa clara que regule la figura del autónomo colaborador implica ciertas lagunas en el concepto sobre las que siempre se plantean dudas cubiertas por el art. 12 de la LGSS y arts. 1, 35 y D.A.10.ª de la LETA.

- **Convivencia entre el autónomo titular y el autónomo colaborador:** si, a pesar de que la redacción del actual art. 35 de la LETA, no establece la necesidad de que el familiar colaborador conviva y esté al cargo del titular del negocio; el requisito, en base al art. 12 de la LGSS, y ante el vacío normativo de convivencia y dependencia continúa siendo aplicable.

- **Requisitos del autónomo colaborador para darse de alta:**
  - **Ser familiar directo:** cónyuge o un familiar de primer grado (hijos, padres, suegros) o de segundo grado (hermanos, nietos, abuelos, cuñados...) por consanguinidad, afinidad o adopción.

  - **Trabajar en el negocio de forma habitual.**

  - **No estar dados de alta como trabajadores por cuenta ajena.** Es necesaria la **ausencia de alta como trabajador por cuenta ajena del posible autónomo colaborador:** para que exista la posibilidad de contratar bajo la figura de autónomo colaborador el familiar no debe de estar dado de alta como trabajador por cuenta ajena, es decir, no debe cotizar en el régimen general de la seguridad social. En este caso la prohibición aparece reflejada en el art. 1 de la LETA, donde se especifica: «También será de aplicación esta Ley a los trabajos, realizados de forma habitual, por familiares de las personas definidas en el párrafo anterior que no tengan la condición de trabajadores por cuenta ajena, conforme a lo establecido en el artículo 1.3.e) del texto refundido de la Ley del Estatuto de los Trabajadores».

  - **Edad: al menos 18 años.** A pesar de que la LETA no hace referencia a la necesidad de ser mayor de edad para causar alta en el RETA, el art. 7.1.b) de la LGSS y el art. 305 de la LGSS, en relación con la extensión del campo de aplicación del sistema de la Seguridad Social, incluye a los «trabajadores por cuenta propia o autónomos, sean o no titulares de empresas individuales o familiares, mayores de dieciocho años, que reúnan los requisitos que de modo expreso se determinen en esta ley y en su normativa de desarrollo».

- **Excepciones:** contratación, como trabajadores por cuenta ajena, de los hijos menores de 30 años, al amparo de la D.A. 10.ª de la LETA (esta opción existe desde el 12-10-2007). En este caso, del ámbito de la acción protectora dispensada a los familiares contratados quedará excluida la cobertura por desempleo.

> **CUESTIONES**
>
> **¿Cómo se da de alta al autónomo colaborador en la Seg. Social?**
>
> En la solicitud del alta, a través del Sistema RED, se debe seleccionar la opción —RETA Colaborador Familiar/Familiar de trabajador autónomo— en la pantalla «Identificación de los diferentes tipos de trabajadores autónomos».
>
> Para la aplicación de la bonificación establecida, se debe acreditar el vínculo existente entre el trabajador autónomo y la persona que causa alta —cónyuge, pareja de hecho u otro familiar por consanguinidad o afinidad hasta el segundo grado inclusive y, en su caso, por adopción—. Dicha acreditación se efectuará a través de Casia: trámite «Solicitud beneficio familiares colaboradores», ubicado en la siguiente ruta —Afiliación, altas, bajas—Variación de datos de autónomos—Solicitud beneficio familiares colaboradores— aportando la documentación que acredite el vínculo familiar existente, o la situación de pareja de hecho. (BNR n.º 1 /2023, de 9 de enero de 2023).
>
> **¿Es necesario consignar algún tipo de contrato entre el autónomo titular y el autónomo colaborador?**
>
> La única obligación es la de dar de alta al autónomo colaborador en la Seguridad Social como familiar colaborador. No obstante, y siempre teniendo presente que no se trata de una relación laboral, es recomendable establecer algún tipo de vínculo contractual limitando las condiciones de la prestación de servicios. Como anexo a la obra encontrarán un contrato mercantil de prestación de servicios tipo.

Contratación del familiar como asalariado

Coincide con las excepciones citadas.

3.1.2. Posibilidades de contratación en el caso de un autónomo persona jurídica

Alta del familiar como autónomo ordinario

- **Normativa de análisis:** art. 305 de la Ley General de la Seguridad Social.
- **Vínculo entre los autónomos:** la TGSS (siempre de oficio y pudiendo reclamar), considera dentro del campo de aplicación del régimen especial de autónomos a los familiares de aquellos autónomos societarios con posean, al menos, la mitad del capital de la sociedad distribuido entre socios, con los que conviva, y a quienes se encuentre unido por vínculo conyugal o de parentesco por consanguinidad, afinidad o adopción, hasta el segundo grado (o se encuentren en algún caso de fijado en el art. 305.2.b) de la LGSS.

Por lo expuesto, ha de procederse al alta en RETA, sea socio o no, cuando al menos la mitad del capital de la sociedad para la que preste sus servicios esté distribuida entre socios, con los que conviva, y a quienes se encuentre unido por vínculo conyugal o de parentesco, por consanguinidad, afinidad o adopción, hasta el segundo grado.

LA CONTRATACIÓN DE FAMILIARES EN TU EMPRESA

> **A TENER EN CUENTA.** Se presumirá, salvo prueba en contrario, que el trabajador posee el control efectivo de la sociedad cuando concurra alguna de las siguientes circunstancias: 1.º que, al menos, la mitad del capital de la sociedad para la que preste sus servicios esté distribuido entre socios con los que conviva y a quienes se encuentre unido por vínculo conyugal o de parentesco por consanguinidad, afinidad o adopción, hasta el segundo grado; 2.º que su participación en el capital social sea igual o superior a la tercera parte del mismo; 3.º que su participación en el capital social sea igual o superior a la cuarta parte del mismo, si tiene atribuidas funciones de dirección y gerencia de la sociedad. En los supuestos en que no concurran las circunstancias anteriores, la Administración podrá demostrar, por cualquier medio de prueba, que el trabajador dispone del control efectivo de la sociedad. (STS n.º 670/2018, de 24 de abril de 2018, ECLI:ES:TS:2018:1538)

- Requisitos para darse de alta como autónomo:
  - **Prestación de servicios de forma habitual, personal y directa,** realizan una actividad económica a título lucrativo, sin sujeción a contrato de trabajo (art. 7.1 de la LGSS).
  - **Poseer el control efectivo, directo o indirecto, de la sociedad.** Se entenderá, en todo caso, que se produce tal circunstancia, cuando las acciones o participaciones del trabajador supongan, al menos, la mitad del capital social (arts. 136 y 305 de la LGSS).
  - **Ser socio trabajador de las sociedades laborales** cuando su participación en el capital social, junto con la de su cónyuge y parientes por consanguinidad, afinidad o adopción hasta el segundo grado con los que convivan, alcance, al menos, el 50 por ciento, salvo que acrediten que el ejercicio del control efectivo de la sociedad requiere el concurso de personas ajenas a las relaciones familiares.
- **Excepción:** En caso de no cumplirse los requisitos sobre el control efectivo de la sociedad, se trataría de una relación laboral ordinaria y la persona trabajadora quedaría encuadrado en el RGSS como trabajador por cuenta ajena.

Contratación del familiar como asalariado

Coincide con las excepciones citadas. En caso de no las participaciones del trabajador familiar o las del autónomo societario no se encuentren entre los porcentajes que fija la norma para suponer el control efectivo de la sociedad, procederá alta como trabajador por cuenta ajena ordinario siempre que se cumplan los requisitos para la legalidad del contrato.

Posibilidad de alta del familiar como autónomo colaborador del autónomo societario

No existe ningún tipo de precisión en la norma en cuanto a una posible alta como autónomo colaborador en relación a un familiar de autónomo societario. Este aspecto ha supuesto siempre cierta controversia y ha originado innumerables opiniones acerca de la existencia de lo que se podría denominar «autónomo familiar colaborador de socio de sociedad mercantil». No podríamos decir, al menos sin miedo a equivocarnos o a que se debatiera nuestro criterio con situaciones que se dan en la práctica o actuaciones de la inspección de trabajo, si la figura de autónomo colaborador es recomendable en los casos de que el autónomo titular resulte un autónomo societario.

En este caso, interpretando el art. 305 de la LGSS, o art. 3.b) del Decreto 2530/1970, de 20 de agosto, y adoptando el criterio restrictivo que podría llegar a aplicar la TGSS, podría entenderse la necesidad de alta en el RETA ordinario cuando el cónyuge, o hijo/a, del socio posean el control efectivo. Es decir, si el familiar que se pretende contratar tiene cierto nivel de participaciones en la empresa corresponderá el alta como autónomo ordinario, ya que, como hemos dicho, tiene el control efectivo de la sociedad.

La necesidad de convivencia con el socio administrador para que aparezca la posibilidad de ser autónomo colaborador limita, y esto ante el vacío legal es una conclusión propia, la posibilidad de que el familiar, aun cumpliendo todos los requisitos para ser familiar colaborador, pueda acceder a esta categoría respecto a un autónomo no persona física que ostente el control efectivo de la sociedad.

A TENER EN CUENTA. En este caso la aplicación de incentivos podría verse comprometida en caso de consideración de la mujer/hijo del autónomo societario como incluida en el RETA ordinario en base al art. 305 de la LGSS o art. 3.b) Decreto 2530/1970, de 20 de agosto.

3.1.3. Casos de análisis

Contratación del cónyuge

La respuesta a esta duda nos la ofrece el reiterado art. 305.2.k) de la LGSS cuando señala que estarán incluidos en el RETA «(...) el cónyuge y los parientes del trabajador por cuenta propia o autónomo que, conforme a lo señalado en el art. 12.1 y en el apartado 1 de este artículo, realicen trabajos de forma habitual y no tengan la consideración de trabajadores por cuenta ajena».

Debemos tener presente entonces que, como hemos reiterado a lo largo de la obra —de inicio—, estarán obligatoriamente incluidos en el RETA los cónyuges y parientes que realicen trabajos de forma habitual, pero, siempre que no tengan la condición de asalariados [art. 305. 2.k) y 12.1 de la LGSS]. Corresponderá al empresario y familiar contratado probar que se da esa nota de ajenidad que la norma niega de antemano.

En este sentido resulta de interés STSJ de la Comunidad Valenciana, de 11 de septiembre de 2018, n.° 799/2018, ECLI:ES:TSJCV:2018:5081, en la que se concluye la consideración de trabajadora por cuenta propia de la cónyuge del autónomo titular, salvo que demuestre su condición de trabajadora por cuenta ajena, esto es, que su vínculo tiene las notas una relación laboral, ejerciendo su actividad con las notas definidoras del trabajo por cuenta aje-na: voluntariedad, remuneración, ajenidad y dependencia y a la parte actora le corresponde de lleno la carga probatoria dirigida a la acreditación de la concurrencia de todas y cada una de estas características, por cuanto de la prolija legislación expuesta la calificación inicial o presuntiva de la relación de prestación de servicios es no laboral.

‖ Régimen de gananciales

La presunción de no laboralidad en estos caso rige de forma general y vie-ne dada, entre otras características, por la convivencia de los familiares con vínculos laborales.

La existencia de un vínculo matrimonial y del régimen económico de ga-nanciales determinan que, a efectos de establecer el nivel de renta de una unidad familiar, hayan de computarse idealmente a cada cónyuge la mitad de los ingresos del otro (STSJ de Canarias, rec. 327/2016, de 25 de abril de 2017, ECLI:ES:TSJICAN:2017:1133). A partir de aquí, si se verifica que no sólo hay convivencia sino también que el resultado del trabajo del cónyuge se destina al acervo común, estando vigente sociedad de gananciales con los efectos que de ella derivan —producidos *ex lege* por el art. 1344 del CC que declara comunes ganancias o beneficios obtenidos indistintamente por cualquiera de los cónyuges, y les serán atribuidos por mitad al disolverse la sociedad de gananciales— la conclusión no puede ser otra que la imposibili-dad de atribuir ajenidad a la relación laboral entre familiares.

Esa comunidad de vida en modo alguno supone la existencia de ajenidad, dependencia o incorporación al ámbito organizativo o directivo del autóno-mo titular o societario.

RESOLUCIONES RELEVANTES

STSJ de Madrid n.º 183/2010, de 11 de marzo de 2010

«En el presente caso aunque manifieste que presta servicios para la farmacia de su esposa, realmente estamos ante una prestación para ambos. El demandante debe acreditar que ha llevado a cabo una verdadera prestación de servicios debidamente retribuida sin que en el relato fáctico se desprenda tal hecho, ni acredite que la pres-tación fuese por cuenta ajena, siendo plenamente aplicable la jurisprudencia unifica-dora expuesta, lo que lleva a desestimar el recurso al no quedar acreditado que la relación fuese por cuenta ajena».

STSJ de Castilla y León n.º 146/2021, de 16 de julio de 2021, ECLI:ES:TSJCL:2021:2935

«(...) el régimen de gananciales aquí vigente hace inevitable que las retribuciones que reciben ambos sean comunes. Atendido el origen de esos fondos igualmente la respuesta iba a ser la de compartir los frutos obtenidos del trabajo desempeñado, por tanto, no es posible apreciar la ajenidad que defiende la demanda».

STSJ del País Vasco n.º 134/2002, de 6 de noviembre de 2002, ECLI:ES:TSJPV:2002:4911

«(..) las capitulaciones matrimoniales de separación de bienes otorgadas por los es-posos datan del año 95, cuando en realidad hemos visto que se remontan al año 85. Y en cuanto a la segunda, es de tener en cuenta que, aun cuando partiéramos de la base

de que el régimen económico-matrimonial existente fuera en realidad el de separación de bienes, la sentencia del Tribunal Supremo de fecha 30/4/01 (R 4614) señala que "... la sociedad de gananciales es un sistema de comunidad limitada que debe conciliarse con el principio de autonomía de los cónyuges y de la licitud de las relaciones patrimoniales entre los mismos [artículo 1323 del Código Civil y artículo 1.3.e) del Estatuto de los Trabajadores] y en este sentido la existencia de ajenidad debe valorarse, como hizo la sentencia de contraste, teniendo presente idealmente una asignación por cuotas de los bienes gananciales y en este caso la participación de la actora también sería inferior al límite que fija la doctrina de esta Sala a la que se ha hecho referencia en el fundamento anterior. Esta asignación ideal de cuotas permite superar otras objeciones, pues aunque la utilidad patrimonial del trabajo se incorpore a la sociedad de gananciales cuando la empresa tiene esta consideración y sea ésta la que abone la retribución que tiene además la consideración de bien ganancial (artículo 1347.1 del Código Civil), siempre subsistirá parcialmente la ajenidad, pues una parte del trabajo se habrá realizado para otro y se habrá retribuido con cargo a su parte. Esto es más claro en supuestos como el presente, en el que la relación con la sociedad de gananciales es indirecta, pues se trabaja para una sociedad anónima, en la que ha habido otro accionista, aparte de los cónyuges"».

STSJ de Madrid n.° 628/2018, de 31 de octubre de 2018, ECLI:ES:TSJM:2018:10366

«Para acreditar que una persona es asalariado de otra, es necesario acreditar con un mínimo de certeza que el asalariado percibe las retribuciones de su empleador, a cuyo efecto no basta una declaración jurada de ambos, en la medida en que estando casados el recurrente y la señora Delfina en régimen de gananciales, la presunción de gananciali- dad de todos los ingresos de los cónyuges que establece el Código Civil implica para desvirtuarla, y para tener por cierto que el primero es asalariado de la segunda y que el salario que percibe no es ganancial, una prueba documental fehaciente que en el caso enjuiciado no existe, no bastando a tales efectos unas nóminas, porque tales documentos se expiden por la esposa, sino que como bien dice la Letrado de la Seguridad Social se requiere al menos una prueba mediante documentos bancarios que no ha tenido lugar».

‖ Régimen de separación de bienes

Cuando se establece una separación de bienes entre los cónyuges tanto los bienes como las deudas son responsabilidad exclusiva de cada cónyuge por separado.

Si el régimen económico del matrimonio es el de separación de bienes pero el matrimonio funciona como si su sociedad fuera la de una comunidad de bienes o de bienes gananciales (por ej. la única fuente de ingresos es el negocio familiar y con dichos beneficios es con lo que se afrontan las cargas familiares), no existirá la necesaria incorporación al círculo organizativo y rector del empresario. Razones que conducirán a considerar que no existe re- lación laboral entre las partes (STS, rec. 2109/2004, de 11 de marzo de 2005).

En el caso del **autónomo titular persona física**, la separación de bines ha de ir acompañada de otros indicios que rompan la presunción de no laborali- dad, por lo que, por sí mismo, este régimen no supone la posibilidad de con- tratación por cuenta ajena. En el supuesto de **autónomo persona jurídica**, el encuadramiento en la Seguridad Social no vendrá definido por encontrarse en régimen de gananciales o separación de bienes, sino por el hecho de pre- sumir control efectivo por razón del vínculo matrimonial, la convivencia, las participaciones sociales y la condición de administrador y/o consejero según lo establecido en el art. 305.2.b) de la LGSS.

|| Prestación de servicios con anterioridad al matrimonio

Es posible que un socio/a con control efectivo decida contraer matrimonio con un empleado/a. En estos casos rige la norma general, de inicio, será necesario cambiar el encuadramiento de la pareja y que pase a cotizar en el RETA. Esto, como venimos diciendo, siempre que no se pueda romper la presunción de no laboralidad de la relación.

|| Incidencia del divorcio o acuerdo de separación

Si los autónomos se separan aparecen posibilidades como la venta del negocio, la división de la empresa, la disolución del régimen de gananciales o incluso la posibilidad de demanda por parte de unos de los cónyuges para que se reconozca un relación laboral y la existencia de despido. También es habitual que en supuestos como este que el cónyuge contratado como trabajador por cuenta ajena solicite la prestación por desempleo y la entidad gestora la niegue entendiendo como fraudulenta la relación laboral existente «sin ningún problema» hasta ese momento.

En estos casos será necesario ajustar el encuadramiento en la seguridad social a la nueva situación y justificar la existencia de prestación de servicios por cuenta ajena si fuese necesario.

RESOLUCIÓN RELEVANTE

STSJ de Andalucía n.º 2031/2018, 5 de diciembre de 2018, ECLI:ES:TSJAND:2018:16066

«Como, además, el texto de dichos documentos aparece contradicho por la circunstancia de que el demandante se encontraba de alta en el Régimen Especial de Trabajadores Autónomos desde el 1 de mayo de 2002, la decisión de la sentencia recurrida de entender no acreditada la existencia de relación laboral entre el demandante y su esposa, no supone infracción alguna del artículo 1.1 y sí ha aplicado correctamente el artículo 1.3 e) del Estatuto de los Trabajadores, ya que la presunción de laboralidad ha quedado desvirtuada por el alta en el Régimen Especial de Trabajadores Autónomos y el matrimonio entre demandante y demandada, por más que ésta interpusiese contra aquél demanda de divorcio un mes después de presentada la papeleta de conciliación, antecedente de la demanda de despido».

Contratación del hijo/a y la importancia de la existencia de conveniencia y su edad

El trabajador autónomo puede contratar a su hijo/a, no obstante, teniendo en cuenta si es mayor o menor de 30 años y la convivencia entre ambos ha de actuarse de diferente manera, siendo posible la **contratación como trabajador por cuenta ajena sin derecho a prestación por desempleo** (menor de 30 años que conviva con el autónomo principal y dependa de él económicamente), **con prestación por desempleo** (en caso de demostrarse la independencia económica y falta de convivencia) o como autónomo colaborador.

La D.A. 10.ª de la LETA se refiere al encuadramiento en la Seguridad Social de los familiares del trabajador autónomo, aclarando que los trabajadores autónomos podrán contratar, como trabajadores por cuenta ajena, a los hijos menores de treinta años aunque éstos convivan con el trabajador autónomo y quedando excluida la cobertura por desempleo de los mismos.

Los trabajadores autónomos enfrentan particularidades legales al contratar a sus hijos. La edad del hijo, así como la convivencia con el autónomo, dictan las condiciones de contratación. Menores de 30 años convivientes pueden ser empleados sin prestación de desempleo, mientras que la contratación con derecho a desempleo es factible si el hijo demuestra independencia económica y no convive con el autónomo. Alternativamente, los hijos pueden ser contratados como autónomos colaboradores bajo ciertos requisitos.

EDAD	RÉGIMEN DE LA SEGURIDAD SOCIAL	REQUISITOS	PRESTACIÓN POR DESEMPLEO / PRESTACIÓN POR CESE DE ACTIVIDAD	BONIFICACIONES
Menor de 30	Contratación como trabajador por cuenta ajena en el Régimen General (aunque convivan con el autónomo titular).	Ha de ser menor de 30 años o mayor cuando tenga especiales dificultades para su inserción laboral (D.A. 10.ª de la LETA y art. 12.2 de la LGSS).	No tendrá derecho a prestación por desempleo en caso de convivencia con el empresario autónomo. Tendrá derecho a prestación por desempleo en caso de NO convivencia con el empresario autónomo y cotizar por la prestación.	A TENER EN CUENTA: La D.A. 7.ª de la Ley 6/2017, de 24 de octubre, por la que se establecía la bonificación por la contratación de familiares del trabajador autónomo ha dejado de ser aplicable desde el 01/09/2023.
	Contratación como trabajador por cuenta ajena en el Régimen General.	Mantener una relación laboral idéntica a la de cualquier trabajador con independencia económica del autónomo principal y falta de convivencia con el mismo.	Sólo tendrá derecho a prestación por desempleo cuando: a) Cotice por dicho concepto. b) Tenga y pueda demostrar que no es dependiente económicamente del autónomo principal. c) No conviva con el padre (no siendo suficiente acreditar distinto empadronamiento). d) La relación laboral sea igual que la del resto de trabajadores (cumplimiento de horario de trabajo, percepción de salario, expedición de nóminas).	En función de la modalidad contractual como cualquier trabajador por cuenta ajena.

| Mayor de 30 años | Prestación de servicios como autónomo colaborador. | Los propios de un **autónomo colaborador**:

• Ser cónyuge, pareja de hecho o familiar del trabajador autónomo titular por consanguinidad o afinidad hasta el segundo grado inclusive y, en su caso, por adopción con convivencia. | Prestación por cese de actividad de los trabajadores autónomos. | Bonificación, durante los veinticuatro meses siguientes a la fecha de efectos del alta, equivalente al 50 por ciento durante los primeros dieciocho meses y al 25 por ciento durante los seis meses siguientes, de la cuota por contingencias comunes correspondiente a la base mínima de cotización del tramo 1 de la tabla general de bases, conforme a lo previsto en la regla 1.ª del art. 308.1.a) de la LGSS (art. 35 de la LETA). |

‖ Contratación laboral de hijo menor de 30 años (con derecho a desempleo cuando no exista convivencia)

La D.A.10.ª de la LETA se refiere al encuadramiento en la Seguridad Social de los familiares del trabajador autónomo, aclarando que los trabajadores autónomos podrán contratar, como trabajadores por cuenta ajena, a los hijos menores de treinta años aunque éstos convivan con el trabajador autónomo y quedando excluida la cobertura por desempleo cuando exista convivencia.

La controversia surge en los supuestos en que no es el progenitor el que, como persona física, tiene contratada la prestación de servicios del trabajador, sino que la empresa adopta la forma de sociedad mercantil. (STS n.º 142/2018, de 13 de febrero de 2018, ECLI:ES:TS:2018:742). Cumpliendo todos los requisitos para la existencia de relación laboral, de tratarse de una persona trabajadora por cuenta ajena, como tal, estaba protegido de la contingencia de desempleo, «(...) de la que no puede ser excluido en base a su parentesco con titulares de la sociedad, o por su titularidad de una mínima parte de las acciones». (STSJ de Aragón n.º 537/2012, de 3 de octubre de 2012, ECLI:ES:TSJAR:2012:1612).

‖ Contratación laboral de hijo menor de 30 años (sin derecho a desempleo cuando exista convivencia)

La reiterada D.A.10.ª de la LETA establece:

«Los trabajadores autónomos podrán contratar, como trabajadores por cuenta ajena, a los hijos menores de 30 años, aunque convivan con ellos. En este caso, del ámbito de la acción protectora dispensada a los familiares contratados quedará excluida la cobertura por desempleo.

Se otorgará el mismo tratamiento a los hijos que, aun siendo mayores de 30 años, tengan especiales dificultades para su inserción laboral (...)

A estos efectos, se considerará que existen dichas especiales dificultades cuando el trabajador (...)».

La doctrina unificada en la interpretación de la D.A.10.ª de la LETA sobre la cuestión del acceso a la prestación por desempleo de un trabajador que presta servicios en la empresa de su madre o padre y que es menor de 30 años ha interpretado la norma **excluyendo de la cobertura por desempleo de los hijos menores de treinta años contratados por los trabajadores autónomos cuando convivan con él** (STSJ de Cataluña n.º 5259/2023, de 22 de septiembre del 2023, ECLI:ES:TSJCAT:2023:8794). La dicción del precepto «(...), los hijos menores de 30 años, aunque convivan con ellos. En este caso, del ámbito de la acción protectora dispensada a los familiares contratados quedará excluida la cobertura por desempleo». La frase «en este caso» se refiere a los hijos menores de treinta años que convivan con el trabajador autónomo, ya que la frase «aunque convivan con ellos» precede inmediatamente a «en este caso». (STS, rec. 2524/2017, de 12 de noviembre de 2019, ECLI:ES:TS:2019:3860; STS, rec. 3951/2018, de 24 de marzo de 2021, ECLI:ES:TS:2021:1279; STS, rec. 499/2020, de 11 de mayo de 2022, ECLI:ES:TS:2022:1899 y STS, rec. 2542/2019, de 13 de julio de 2022, ECLI:ES:TS:2022:3109).

RESOLUCIÓN RELEVANTE

STSJ de Murcia, rec. 697/2014, de 2 marzo 2015, ECLI:ES:TSJMU:2015:449

Se resuelve el litigio suscitado por quien prestaba servicios para una sociedad limitada constituida por su padre, como uno de los socios fundadores, quien ostentaba la condición de administrador único de la misma, con el cual convivía. Solicitadas prestaciones de desempleo, el SPEE la deniega por entender que estaba fuera de la cobertura al tratarse del hijo de un trabajador autónomo menor de 30 años.

La sentencia entiende que dado que la prestación de servicios se realizó para una entidad mercantil había de aplicarse el art. 97.2 a) de la Ley General de la Seguridad Social (LGSS), y concluye afirmando el derecho a la prestación ya que se está ante un trabajador por cuenta ajena. Añadía, además, que no existían datos sobre la proporción de capital correspondiente al padre.

CUESTIÓN

El hijo menor de 30 años de un autónomo, ¿cuándo puede ser contratado con derecho a prestación por desempleo?

Cuando no exista convivencia con el progenitor autónomo titular y se acredite la existencia de relación laboral. Si los hijos menores de 30 años conviven con los padres, podrán ser contratados por estos, como trabajadores por cuenta ajena, quedando excluidos de la cobertura por desempleo. Ahora bien, si aun siendo menores de treinta años, no conviven con sus progenitores, acreditada la independencia económica del hijo menor de tal edad, la relación laboral despliega su total efectividad en el ámbito de protección de la Seguridad social, incluida la prestación por desempleo. (STSJ de Andalucía n.º 2745/2019, de 13 de noviembre de 2019, ECLI:ES:TSJAND:2019:15955).

> «Si bien el hijo menor de 30 años que conviviente con su progenitor-empresario puede ser *contratado por éste como trabajador por cuenta ajena sin necesidad de tener que destruir la presunción desfavorable a la existencia de relación laboral, aunque en tal caso quedando excluido de la protección por desempleo; pero también que desaparecida tal convivencia y acreditada la independencia económica del hijo menor de tal edad, la relación laboral despliega su total efectividad en el ámbito de protección de la Seguridad social, incluida la prestación por desempleo».* (STSJ de Extremadura n.º 622/2017, de 10 de octubre de 2017, ECLI:ES:TSJEXT:2017:1116).

‖ Prestación de servicios de hijo como autónomo colaborador

Nada impide que el hijo del autónomo titular se dé de alta como autónomo colaborador en caso de cumplirse los requisitos solicitados para ello.

‖ Posibilidad de formalizar un contrato para la formación en ‖ alternancia

Una **persona trabajadora autónoma** (autónomo persona física) puede contratar a su hijo/a por cuenta ajena mediante un contrato para la formación en alternancia **con acceso a las bonificaciones** específicas al amparo de lo establecido en el art. 12 de la LGSS.

La normativa (art. 11.2 del Estatuto de los Trabajadores) no limita este tipo de contrataciones, pero debemos tener en cuenta dos características: el hijo/a no debe tener más de 30 años (art. 12 de la LGSS) — o mayor de 30 años si tiene un grado de discapacidad reconocido igual o superior al 33 %— y debe cumplir los requisitos para este tipo de contratos.

El autónomo podrá beneficiarse de las bonificaciones existentes durante toda la vigencia del contrato (tanto en las cuotas de la Seguridad Social como para la formación teórica y de tutorización), «*(...) cuando el empleador sea un trabajador autónomo que contrate como trabajador por cuenta ajena a los hijos menores de treinta años, tanto si conviven o no con él, o cuando se trate de un trabajador autónomo sin asalariados, y contrate a un solo familiar menor de cuarenta y cinco años, que no conviva en su hogar ni esté a su cargo»* (a pesar de que esta excepción no se establece en el Real Decreto-ley 1/2023, de 10 de enero, se configura mediante el art. 6.1.b) de la Ley 43/2006, de 29 de diciembre).

En el caso del **autónomo societario**, con carácter general, quedarían fuera de esta posibilidad las contrataciones que afecten al cónyuge, ascendientes, descendientes y demás parientes por consanguinidad o afinidad, hasta el segundo grado inclusive, del empresario o de quienes tengan el control empresarial, ostenten cargos de dirección o sean miembros de los órganos de administración de las entidades o de las empresas que revistan la forma jurídica de sociedad, así como las que se produzcan con estos últimos. No obstante, **si no existe convivencia y se dan el resto de condiciones para la contratación laboral sí sería posible recurrir a esta modalidad, pero sin beneficiarse de la reducción de cuotas en los seguros sociales.**

Resumiendo las características de esta modalidad:

Contrato de formación en alternancia	
Regulación	Art. 11.2 del ET.
Causa	Compatibilizar la actividad laboral retribuida con los correspondientes procesos formativos.
Duración del contrato	La **prevista en el correspondiente plan o programa formativo (mínimo de tres meses y máximo de dos años)**. Podrá desarrollarse al amparo de un solo contrato de forma no continuada, a lo largo de diversos periodos anuales coincidentes con los estudios (de estar previsto en el plan o programa formativo).
Posible prórroga	Podrá prorrogarse mediante acuerdo de las partes, hasta la obtención de dicho título, certificado, acreditación o diploma **sin superar nunca la duración máxima de dos años** (en caso de que el contrato se hubiera concertado por una duración inferior a la máxima legal establecida y no se hubiera obtenido el título, certificado, acreditación o diploma asociado al contrato formativo).
Requisitos de la persona trabajadora	Se podrá celebrar: • Con personas que carezcan de la cualificación profesional reconocida por las titulaciones o certificados requeridos para concertar un contrato formativo para la obtención de práctica profesional. • Vinculado a los estudios de formación profesional o universitaria con personas que posean otra titulación siempre que no haya tenido otro contrato formativo previo en una formación del mismo nivel formativo y del mismo sector productivo.
Periodo de prueba	No podrá establecerse.
Actividad laboral desarrollada por la persona trabajadora	Deberá estar directamente relacionada con las actividades formativas. El tiempo de trabajo efectivo **no podrá ser superior al 65 %, durante el primer año, o al 85 %**, durante el segundo. Se aplicará la **jornada máxima** prevista en convenio colectivo, o, en su defecto, de la jornada máxima legal.
Formación teórica	Pendiente de desarrollo reglamentario tanto su contenido como la financiación de la actividad formativa.

Limitaciones	En el supuesto de que el contrato se suscriba en el marco de certificados de profesionalidad de nivel 1 y 2, y programas públicos o privados de formación en alternancia de empleo/formación, que formen parte del catálogo de especialidades formativas del Sistema Nacional de Empleo: personas de hasta **treinta años.** **Con carácter general solo podrá celebrarse** un contrato de formación en alternancia por cada ciclo formativo de formación profesional y titulación universitaria, certificado de profesionalidad o itinerario de especialidades formativas del catálogo de Especialidades Formativas del Sistema Nacional de Empleo.
Retribución	La retribución será la establecida para estos contratos en el convenio colectivo de aplicación. En defecto de previsión convencional, la retribución no podrá ser inferior al sesenta por ciento el primer año ni al setenta y cinco por ciento el segundo, respecto de la fijada en convenio para el grupo profesional y nivel retributivo correspondiente a las funciones desempeñadas, en proporción al tiempo de trabajo efectivo. En ningún caso la retribución podrá ser inferior al salario mínimo interprofesional en proporción al tiempo de trabajo efectivo.
Tutor	La persona contratada contará con una persona tutora designada por el centro o entidad de formación y otra designada por la empresa.
Planes formativos	Especificarán el contenido de la formación, el calendario y las actividades y los requisitos de tutoría para el cumplimiento de sus objetivos.
Indemnización	No genera derecho a recibir indemnización [letra c) del artículo 49.1 del ET].
Transformación en indefinido	Bonificación según el art. 24 del Real Decreto-ley 1/2023, de 10 de enero.
Otras especificaciones	Las personas contratadas con contrato de formación en alternancia no podrán realizar horas complementarias ni horas extraordinarias, salvo en el supuesto previsto en el artículo 35.3 del ET. Tampoco podrán realizar trabajos nocturnos ni trabajo a turnos. Excepcionalmente, podrán realizarse actividades laborales en los citados periodos cuando las actividades formativas para la adquisición de los aprendizajes previstos en el plan formativo no puedan desarrollarse en otros periodos, debido a la naturaleza de la actividad.

Otras especificaciones	Reglamentariamente se establecerán, previa consulta con las administraciones competentes en la formación objeto de realización mediante contratos formativos, los requisitos que deben cumplirse para la celebración de los mismos, tales como el número de contratos por tamaño de centro de trabajo, las personas en formación por tutor o tutora, o las exigencias en relación con la estabilidad de la plantilla.
	Las empresas podrán solicitar por escrito al SEPE información relativa a si las personas a las que pretenden contratar han estado previamente contratadas bajo esta modalidad y la duración de estas contrataciones. Dicha información deberá trasladarse a la representación legal de las personas trabajadoras y tendrá valor liberatorio a efectos de no exceder la duración máxima de este contrato.
	Se establecen una serie de **normas comunes para todos los contratos formativos** relacionadas con: fraude de ley, seguridad social; formalización, especificaciones en límites de edad y duración máxima en caso de discapacidad o pertenencia a determinados colectivos; determinación de los puestos y actividades que se pueden desarrollar por estas modalidades; limitaciones en caso de ERTE; y, cómputo del periodo de prueba a efectos de antigüedad.

CUESTIONES

1. ¿Qué ventajas supone para un autónomo contratar a su hijo mediante un contrato formativo en alternancia?

Puede beneficiarse de la práctica profesional con una reducción del 100 % en las cuotas a la Seguridad Social del trabajador, una bonificación adicional para financiar los costes de tutorización (entre 60 y 80 euros en función de la plantilla), una reducción de las cuotas empresariales a la Seguridad Social y una reducción en las cuotas de la Seguridad Social en caso de una posterior transformación en indefinido. Otra de las grandes ventajas del contrato de formación en alternancia es que no existe límite de número de contratos por empresa ni se exige mantenimiento del nivel de empleo.

2. ¿Qué ventaja supone para las personas trabajadoras el contrato formativo en alternancia?

El contrato de prácticas profesionales ofrece una serie de ventajas al trabajador que lo suscribe, como la incorporación al mercado laboral, la protección social, la reducción del 100 % de la cuota de la Seguridad Social y la adquisición de un diploma acreditativo al finalizar la formación.

Contratación de pareja de hecho

Tenemos que decir que esta posibilidad es controvertida y la contratación como asalariado ordinario o la prestación de servicios como autónomo colaborador dependerá de las circunstancias que se acrediten.

De inicio, estaría justificado en base a la normativa no equiparar esta situación a la de matrimonio —aun existiendo convivencia— y la pareja de hecho del autónomo titular podría ser contratada **como asalariada/a ordinaria/o** (siempre cumpliendo las especificaciones necesarias para que exista relación laboral). No obstante, son múltiples los supuestos en los que la Tesorería General de la Seguridad Social, entiende que entre persona empleadora y empleada existe una relación familiar análoga a la conyugal, en base a que viven en el mismo domicilio, tienen hijos en común, no se acredita que el emperador abone sueldo alguno a la empleada, etc.

Es indudable que no es posible llegar al extremo de equiparar completamente la relación de pareja de hecho con el matrimonio (que exige una formalización de esta relación). Ahora bien, no se puede olvidar que existirá una comprobación de ciertos datos (reiterados a lo largo de la obra) que serán los que indiquen la existencia (o no) de relación laboral.

A modo de ejemplo citamos la STSJ de Castilla y León, rec. 7/2023, de 10 de noviembre del 2023, ECLI:ES:TSJCL:2023:4435: «(..) por una parte, como ya se ha expresado, existen claros y evidentes indicios de que se ha dado entre las partes (empleador y empleada) una relación sentimental, como es el hecho de haber tenido ambos tres hijos (...) que determina que se haya mantenido una relación duradera a lo largo de muchos años, y sin que sea creíble la explicación dada por los mismos de que querían cumplir los deseos de paternidad-maternidad de los dos; que será cierto, pero siempre teniendo en cuenta una relación de afectividad que ha durado a lo largo del tiempo. Esta relación de afectividad también se demuestra por otros indicios de extrema importancia, como son que no consta que se haya realizado pago alguno de salario y no es creíble que un salario de la cuantía que se dice abonaba se realice en metálico sin documentar este pago por medio de nóminas o recibís (no se han aportado ni los unos ni los otros); así como también se demuestra por el hecho de que Dña. María Teresa, según sus propias declaraciones, no tiene cuenta bancaria porque dice que no le es necesaria, pero no es creíble que no existiendo ningún tipo de relación afectiva entre empleador y trabajadora no se realice ingreso alguno de las cantidades que se dicen abonadas como salario, cuando el salario, según el contrato de 28 de septiembre de 2011 era de 930 Euros mensuales, el de 4 de diciembre de 2007 de 800 Euros mensuales y el de 27 de abril de 2012 de 850 Euros mensuales».

En relación a la posibilidad de formalizar la relación de servicios como **autónomo colaborador** la escasa normativa ha variado de criterio como reflejan los cambios de redacción del art. 35 de la LETA (art. 1.8 de la Ley 31/2015, de 9 de septiembre; D.F. 10.ª.1 de la Ley 6/2017, de 24 de octubre y art. 3.5 del Real Decreto-ley 13/2022, de 26 de julio). Actualmente se permite esta posibilidad.

3.2. Contratación de familiares de 3.º y 4.º grado de consanguinidad o afinidad

En contraposición a la situación del punto anterior, tanto el art. 1.3.e) del ET como el art. 7.2 de la LGSS, establecen que **los parientes en tercer o cuarto grado se presume que son asalariados**. Es decir, con carácter general, **corresponde su encuadramiento en el RGSS**, debiendo demostrarse —si se quiere que se incluyan en el Régimen Especial de Autónomos— la condición de prestación de servicios como trabajador por cuenta propia.

3.3. Ayuda ocasional en el negocio familiar: ¿puede un familiar ayudar en un negocio sin estar asegurado?

Si la colaboración del familiar es habitual será necesaria el alta en el RETA como autónomo colaborador o como trabajador por cuenta ajena según proceda. No obstante, las colaboraciones puntuales no requieren alta en la Seguridad Social.

El art. 1.3.d) del ET excluye de su ámbito de regulación «(...) los trabajos realizados a título de amistad, benevolencia o buena vecindad» y la LETA obliga a habitualidad en la prestación de servicios. En estos casos la carga de la prueba se desplaza al supuesto trabajador. (STSJ de Murcia n.º 520/2004, de 10 de mayo de 2004, ECLI:ES:TSJMU:2004:943).

RESOLUCIÓN RELEVANTE

STSJ de Castilla y León, rec. 2436/2003, de 19 de enero de 2004, ECLI:ES:TSJCL:2004:224

El TSJ confirma la improcedencia de inclusión obligatoria en el RETA desestimando el recurso interpuesto por la TGSS. Recoge la sentencia:

«"(...) se entendería como trabajador por cuenta propia o autónomo, aquel que realiza de forma habitual, personal y directa una actividad económica a título lucrativo, sin sujeción por ella a contrato de trabajo y aunque utilice el servicio renumerado de otras personas". Tales notas no concurren en el actor ya que, es su hijo, actual titular del negocio quien personal y habitualmente explota el mismo, limitándose a acudir asiduamente al establecimiento para comprobar la marcha del negocio, distraerse y ayudar, ocasionalmente, dadas las reducidas dimensiones del citado negocio de cuchillería por lo que no puede apreciarse que realice de forma habitual, personal y directa una actividad económica. Tampoco concurre la nota de desarrollo de dicha actividad a título lucrativo, pues no consta que sea partícipe en los resultados económicos de la explotación ni puede presumirse dicha participación ya que no está integrado en la unidad familiar formada por su hijo, nuera y nietas, sino que tiene su propia unidad familiar, conviviendo con su esposa».

Características generales de los trabajos amistosos, benévolos o de buena vecindad

El trabajo se desarrolla sobre la base de que existe una relación de amistad, o de benevolencia, o de buena vecindad.

La persona que se beneficie del trabajo ha de ser la encargada de probar que la relación tiene esta naturaleza. Estos presupuestos no se presumen.

Ocasionalidad o asiduidad del trabajo

Para los Tribunales de lo Social, la ocasionalidad o asiduidad del trabajo no son determinantes, pero sí indicativas.

Aunque, a veces, se ha considerado gratuito un trabajo regular, lo normal es considerar que la ocasionalidad e irregularidad es un indicio de gratuidad y, al contrario, no constituye tal indicio la permanencia y regularidad de los servicios. En todo caso, constando el dato de la amistad, la ausencia de prueba sobre la concurrencia de los elementos básicos del contrato de trabajo determina que se considere que los servicios no son laborales. (STSJ de Cataluña n.º 6676/2013, de 17 de octubre 2013, ECLI:ES:TSJCAT:2013:10087).

RESOLUCIONES RELEVANTES

STSJ de Cataluña n.º 7003/2016, de 25 de noviembre de 2016, ECLI:ES:TSJCAT:2016:9180

En el caso concreto de autos, la recurrente alega que los servicios que prestó la otra demandada respondían a la calificación de trabajos amistosos, benévolos o de buena vecindad puesto que no había una retribución (art. 1.3.d) ET). Sin embargo, tampoco puede encontrar éxito este motivo del recurso puesto que hemos de entender que el trabajo es oneroso cuando se produce un intercambio de servicios entre dos o más personas que tienen el ánimo de obtener un aprovechamiento, una utilidad susceptible de ser evaluada económicamente, aunque no adopte la forma típica del salario; y en el presente supuesto, aunque no se ha probado que la recurrente hubiera retribuido los servicios de la codemandada con una suma monetaria, esta permaneció tres años en la casa de aquella, con lo que se le proporcionaba alojamiento y una manutención. Por contraste, *los trabajos amistosos, benévolos o de buena vecindad se caracterizan por la ausencia de onerosidad, como es el caso de relaciones vecinales, en donde, además, se produce la ayuda con carácter esporádico, mientras que en el presente caso, el intercambio de prestaciones (asistencia en la limpieza y cuidado de los caballos que realizaba la codemandada por el alojamiento y manutención que le ofrecía la recurrente) se produjo de forma constante y sostenida durante tres años.*

En conclusión, tales datos reflejan el concurso de los requisitos citados más arriba: de ajenidad, puesto que se da una prestación de servicios sin estar sujeto a riesgo o lucro personal ya que el negocio era de la recurrente; se retribuían los servicios con alojamiento y alimentación; y existía una dependencia o sometimiento a la esfera organizativa de la recurrente, en tanto que esta era la titular de la casa e instalaciones donde la trabajadora, además de prestar.

STSJ de Comunidad Valenciana n.º 464/2005, de 16 de febrero de 2005, ECLI:ES:TSJCV:2005:953

Queda acreditada la actividad fraudulenta de la demandante, pues realizar todas estas actividades constituye una verdadera actividad laboral (y no unos meros trabajos amistosos o de buena vecindad, que, en todo caso también son «trabajos» con su correspondiente capacidad para realizarlos) y una auténtica prestación de servicios, incompatible con la situación de baja laboral por enfermedad que tenía reconocida y por la que percibía una prestación; de ahí el proceder fraudulento, pues lo cierto es que la demandante no puede pretender seguir percibiendo una prestación si tiene capacidad de trabajo, y visto lo actuado la tiene, por lo que procede confirmar la Sentencia de instancia previa desestimación del recurso interpuesto.

STSJ de Cataluña n.º 7365/2015, de 9 de diciembre de 2015, ECLI:ES:TSJCAT:2015:12020

La sala considera que *concurren las notas que hacen presuponer la existencia de una relación laboral*, pues en la sentencia se reconoce que la actora, los fines de semana, por tanto, de forma regular y permanente, coincidiendo con el horario de apertura del restaurante, realizaba un trabajo en interés en la actividad de restaurante que realizaba la demandada, fundamentalmente, como friegaplatos, y que percibía una retribución por ello, circunstancia que excluye la concurrencia de trabajos amistosos, benévolos o de buena vecindad caracterizados por la ausencia de retribución así como por el carácter ocasional o esporádico de los servicios prestados.

STSJ de Galicia n.º 407/2001, de 18 de mayo de 2001, ECLI:ES:TSJGAL:2001:4274

Los hechos que motivan la sanción consisten en que, a consecuencia de las dos visitas realizadas por la Inspección a la empresa de la recurrente se comprueba la utilización de una trabajadora extranjera sin haber obtenido con carácter previo el preceptivo permiso de trabajo. Alega la recurrente que el esposo de la trabajadora estaba contratado por la empresa para desempeñar el puesto de trabajo en el que se encontró a su esposa, que le sustituía momentáneamente por razones de amistad y buena vecindad con la empresaria.

Debe tenerse en cuenta el escaso tiempo trabajado para la empresa y la escasa entidad económica de la misma, por lo que debe apreciarse la ausencia de intencionalidad por parte de la citada empresa. En razón de lo expuesto, y teniendo en cuenta las declaraciones de la trabajadora que se recogen en el Acta de Inspección, así como los datos acogidos por la Dirección General de Trabajo y Migraciones, procede estimar el recurso interpuesto, con anulación de la infracción recurrida.

STSJ de Andalucía n.º 1721/2012, de 31 de mayo de 2012, ECLI:ES:TSJAND:2012:4009

Como ha declarado la Sala IV del Tribunal Supremo, entre otras, en la Sentencia de 4 de julio de 1988, esta exclusión se basa en el carácter no retribuido de la prestación, ya que el trabajo se realiza sin ánimo de lucro. Ello no es contrario al abono de una gratificación en concepto de agradecimiento o, para sufragar los gastos ocasionados por la actividad. Pero lo relevante es que falta el *animus obligandi* (Sentencia del Tribunal Supremo de 2 de diciembre de 1986), de forma tal que no el que realiza la actividad está obligado con el empresario, ni éste con el primero. Es cierto que se trata de trabajos en los que concurre el presupuesto de ajenidad, en tanto en cuanto, se desarrollan a favor de un tercero, pero no se aprecia la nota de la dependencia, en cuanto que el empresario, en estos casos, no ejerce las facultades inherentes a esta condición. Pues bien, atendiendo a lo anterior, se ha de concluir que, en el caso de autos, la víctima del accidente no prestaba servicios para el empresario de forma no lucrativa, sino que lo hacía a cambio de una retribución.

3.4. Contratación de un familiar para la sustitución de otra persona trabajadora o el propio autónomo

Sería posible recurrir a la contratación de un familiar por cuenta ajena o como autónomo colaborador ante contingencias como la incapacidad temporal, el nacimiento y cuidado del menor, etc., del autónomo titular.

Los incentivos a la contratación previstos en el Real Decreto-ley 1/2023, de 10 de enero, cualquiera que sea la forma que adopten, no se aplicarán (entre otros supuestos) en caso de contrataciones que afecten al cónyuge, ascendientes, descendientes y demás parientes por consanguinidad o afinidad, hasta el segundo grado inclusive, del empresario o de quienes tengan el control empresarial, ostenten cargos de dirección o sean miembros de los órganos de administración de las entidades o de las empresas que revistan la forma jurídica de sociedad, así como las que se produzcan con estos últimos.

3.5. Transmisión del negocio: cambio de la titularidad de un negocio a un familiar trabajador

A modo introductorio —sin entrar en otros aspectos como podrían ser el régimen de responsabilidades derivadas de la sucesión, las causas de la que puedan venir derivadas la subrogación o el deber de información—, en el ámbito laboral podríamos centrar un primer análisis de la sucesión de empresas o cambio de su titularidad en tres aspectos clave:

- Necesidad de un elemento subjetivo (sustitución de un empresario por otro) y otro objetivo (transmisión de elementos patrimoniales).

- El cambio de titularidad de una empresa no extingue por sí mismo la relación laboral: efectos del art. 44 del ET en relación con la continuidad con el nuevo titular de los contratos de trabajo.

- El empresario cesionario ha de mantener las mismas condiciones a los trabajadores subrogados: efectos del art. 44 del ET en relación con el manteniendo de condiciones anteriores al cambio de titularidad, convenio colectivo y mandato de los representantes de los trabajadores.

Cambio de situación de la persona trabajadora a titular del negocio

Si un empleado, que hasta el momento se encontraba de alta como trabajador ordinario, pasa a ser el titular del negocio, deberá encuadrarse en el RETA.

En caso de que el nuevo titular no tenga vínculo familiar con el trabajador, operará las garantías por cambio de empresario o titularidad de la empresa que se regulan en los art. 42-44 del ET.

Autónomo colaborador

Si pasase a titular del negocio deberá efectuar el cambio de encuadramiento necesario.

En caso de que el nuevo titular no tenga vínculo familiar con el autónomo colaborador, las opciones pasarían porque el nuevo empresario lo contratase y diese de alta como trabajador por cuenta ajena, se estableciera como autónomo económicamente dependiente o la extinción del contrato que lo une a la mercantil como autónomo colaborador con la pertinente baja en la seguridad social.

3.6. Posible contratación con TRADE: ¿puede el autónomo dependiente ser familiar directo de su cliente principal?

La delimitación de esta relación contractual es compleja. En el marco del art. 11.1 de la LETA, esta figura se vincula a la «realización de una actividad económica o profesional a título lucrativo y de forma habitual, personal, directa y predominante para una persona física o jurídica, denominada cliente», del que se depende económicamente «por percibir de él, al menos, el 75 por 100 de sus ingresos por rendimientos de trabajo y de actividades económicas o profesionales». En el número 2 del art. 11 se mencionan una serie de condiciones que debe reunir el trabajo autónomo económicamente dependiente (no tener a su cargo trabajadores por cuenta ajena ni contratar o subcontratar parte o toda la actividad con terceros, no ejecutar su actividad de manera indiferenciada con los trabajadores que presten servicios bajo cualquier modalidad de contratación laboral por cuenta del cliente, disponer de infraestructura productiva y material propios, necesarios para el ejercicio de la actividad e independientes de los de su cliente, cuando en dicha actividad sean relevantes económicamente, desarrollar su actividad con criterios organizativos propios, sin perjuicio de las indicaciones técnicas que pudiese recibir de su cliente y percibir una contraprestación económica en función del resultado de su actividad, de acuerdo con lo pactado con el cliente y asumiendo el riesgo y ventura de aquélla). (STSJ de Madrid n.º 147/2012, de 24 de febrero de 2012, ECLI:ES:TSJM:2012:676).

Junto a esta caracterización material o sustantiva del trabajo autónomo el art. 12 de la LETA incorpora la referencia a que el contrato para la realización de la actividad del trabajo autónomo económicamente dependiente «(...) deberá formalizarse siempre por escrito y deberá ser registrado en la oficina pública correspondiente", añadiendo el número 2 de este artículo que "el trabajador autónomo deberá hacer constar expresamente en el contrato su condición de dependiente económicamente respecto del cliente que le contrate, así como las variaciones que se produjeran al respecto"».

La norma no niega la posibilidad de que un familiar del **autónomo persona física** pueda ser trabajador autónomo económicamente dependiente. Solo limita esta posibilidad al cumplimiento de los requisitos establecidos en el art. 11 de la LETA y para los «(...) los profesionales que ejerzan su profesión conjuntamente con otros en **régimen societario** o bajo cualquier otra forma jurídica admitida en derecho». Entonces, si el familiar no convive en el domicilio del cliente, su actividad supone al menos el 75 % de los ingresos, dispone de material propio para realizar su actividad y asume el riesgo de las actividades que realiza, **el encuadramiento como TRADE sería posible.**

CUESTIÓN

¿Qué requisitos debe cumplir el TRADE?

Los materiales son: 1) realización de una actividad económica o profesional a título lucrativo para una persona física o jurídica; 2) carácter personal de esa actividad, de forma que no se tenga a cargo trabajadores por cuenta ajena ni se contrate o subcontrate parte o toda la actividad con terceros; 3) no ejecutar la actividad de manera indiferenciada con los trabajadores que presten servicios bajo cualquier modalidad de contratación laboral por cuenta del cliente; 4) disponer de la infraestructura productiva y del material que resulten necesarios para el ejercicio de la actividad que sean propios e independientes de los de su cliente; 5) desarrollar la actividad con criterios organizativos propios, sin perjuicio de las indicaciones técnicas que pueda impartir el cliente; 6) asumir el riesgo y ventura de esa actividad; 7) percibir de la persona física o jurídica contratante una contraprestación económica en función del resultado de su actividad, que represente al menos el 75 por 100 de los ingresos por rendimientos de trabajo y de actividades económicas o profesionales.

Los formales consisten en la comunicación de la situación de dependencia del trabajador respecto a su cliente.

4.
BONIFICACIONES A LA SEGURIDAD SOCIAL APLICABLES EN CASO DE CONTRATACIÓN DE FAMILIAR

4.1. Limitaciones en el acceso a las bonificaciones a la contratación en caso de familiares

El vigente Programa de fomento del empleo se dirige fundamentalmente a impulsar la utilización de la contratación indefinida inicial por parte de las empresas. Cada posible medida de fomento de empleo concretará sus límites y restricciones para el acceso, no obstante, con carácter general, siguiendo el art. 6 de la Ley 43/2006, de 29 de diciembre y el art. 11 de la Real Decreto-ley 1/2023, de 10 de enero (vigente desde el 01/09/2023), **las bonificaciones no se aplicarán** a las contrataciones que afecten al cónyuge, ascendientes, descendientes y demás parientes por consanguinidad o afinidad, hasta el segundo grado inclusive, del empresario o de quienes tengan el control empresarial, ostenten cargos de dirección o sean miembros de los órganos de administración de las entidades o de las empresas que revistan la forma jurídica de sociedad, así como las que se produzcan con estos últimos.

En consecuencia, deberá solicitarse de forma expresa la no aplicación de las bonificaciones o reducciones de cuotas, cuando concurran las exclusiones indicadas anteriormente. En caso contrario se procederá a reclamar, conforme al procedimiento de gestión recaudatoria de la Seguridad Social, los importes aplicados indebidamente.

A TENER EN CUENTA. La D.D. Única.j) del Real Decreto-ley 1/2023, de 10 de enero, deroga, con efectos desde el 1 de septiembre de 2023, la bonificación por la contratación de familiares del trabajador autónomo.

4.2. Autónomo colaborador: bonificaciones, retribuciones y fiscalidad

Recordando a modo esquemático todo lo tratado en la obra, deben darse de alta como autónomo colaborador:

Familiares directos del autónomo principal siempre que se trate de: • Cónyuge, pareja de hecho y familiares de trabajadores autónomos por consanguinidad o afinidad hasta el segundo grado inclusive y, en su caso, por adopción.	Estén ocupados en su centro o centros de trabajo de forma habitual.		
	No se trate de una colaboración puntual.		
	Convivan en el hogar y estén a cargo del autónomo principal.		
	No estén dados de alta como trabajadores por cuenta ajena.		
Excepciones	Hijos menores 30 años.	El autónomo titular puede optar a su elección entre:	Autónomo colaborador.
	Hijos mayores de 30 años con especiales dificultades para la inserción laboral: • Con parálisis cerebral, personas con enfermedad mental o personas con discapacidad intelectual, con un grado de discapacidad reconocido igual o superior al 33 por ciento. • Con discapacidad física o sensorial, con un grado de discapacidad reconocido igual o superior al 33 por ciento e inferior al 65 por ciento, siempre que causen alta por primera vez en el sistema de la Seguridad Social. • Con discapacidad física o sensorial, con un grado de discapacidad reconocido igual o superior al 65 por ciento.		Contratación por cuenta ajena en el Régimen General.
	Contrato de trabajo indefinido de familiar del trabajador autónomo: aplicable desde el 26 de octubre de 2017 hasta el 31 de agosto de 2023.		

A TENER EN CUENTA. A pesar de que la redacción del actual art. 35 de la LETA, no establece la necesidad de que el familiar colaborador conviva y esté al cargo del titular del negocio; el requisito en base al art. 12 de la LGSS— y ante el vacío normativo de convivencia y dependencia— continúa siendo aplicable.

Cotización del autónomo colaborador

Para la afiliación y el alta de los familiares del empresario que reúnan los requisitos exigidos para su inclusión como trabajadores por cuenta ajena en el campo de aplicación del Régimen General de la Seguridad Social, además de la documentación prevista con carácter general, se acompañará una declaración del empresario y del familiar en la que se haga constar la condición de éste como trabajador por cuenta ajena en la actividad que da lugar al encuadramiento en el correspondiente Régimen, su categoría profesional, puesto de trabajo, forma y cuantía de la retribución, centro de trabajo, horario del mismo y cuantos otros datos o circunstancias resulten precisos al efecto, pudiendo requerirse por la Dirección Provincial de la Tesorería General de la Seguridad Social o Administración de la misma, en su caso, informe de la Inspección de Trabajo y Seguridad Social (art. 40 del Real Decreto 84/1996, de 26 de enero).

Para darse de alta en la Seguridad Social como familiar colaborador es necesario presentar en la Seguridad Social el *modelo TA0521/2* (Solicitud de alta en el régimen especial de autónomos-Familiar colaborador del titular de la explotación), **no siendo necesario darse de alta en Hacienda**. Como *documentación* complementaria será necesario aportar el libro de familia, el DNI y una copia del alta en Hacienda del familiar dado de alta en autónomos y titular del negocio.

Con efectos de 01/01/2023, tras las diferentes modificaciones normativas realizadas para la implantación del nuevo sistema de cotización para autónomos (RD-ley 13/2022, de 26 de julio), este colectivo [art. 305.2.k) de la LGSS] deberá tener una cotización mínima igual al grupo de cotización 7 del RGSS. Es decir, no podrán elegir una base de cotización mensual inferior a aquella que determine la correspondiente Ley de Presupuestos Generales del Estado como base de cotización mínima para contingencias comunes para los trabajadores incluidos en el Régimen General de la Seguridad Social del grupo de cotización 7.

De forma transitoria, la base de cotización mínima durante los años 2023, 2024 y 2025 no podrá ser inferior a (D.T. 7.ª del RD-ley 13/2022, de 26 de julio):

- Año 2023: 1.000 euros.

- **Años 2024 y 2025:** la determinada por la correspondiente Ley de Presupuestos Generales del Estado. En su ausencia, el art. 16.4 de la Orden PJC/51/2024, de 29 de enero, ha establecido que este colectivo no podrán elegir una base de cotización mensual inferior a 1000 euros durante el año 2024.

- A partir del año 2026: se aplicará lo establecido en la regla 4.ª del artículo 308.1.a) y regla 5.ª del artículo 308.1.c) del texto refundido de la Ley General de la Seguridad Social.

Bonificaciones por altas de familiares colaboradores de trabajadores autónomos

Siguiendo el art. 35 de la LETA (en su redacción vigente desde 01/01/2023), el cónyuge, pareja de hecho y familiares de trabajadores autónomos por consanguinidad o afinidad hasta el segundo grado inclusive y, en su caso, por adopción, que se incorporen al RETA —siempre y cuando no hubieran estado dados de alta en el mismo en los **5 años inmediatamente anteriores** y colaboren con ellos mediante la realización de trabajos en la actividad de que se trate—, tendrán **derecho a una bonificación durante los 24 meses siguientes a la fecha de efectos del alta**, equivalente al:

- 50 por ciento durante los primeros 18 meses.
- 25 por ciento durante los 6 meses siguientes.

> **A TENER EN CUENTA.** La bonificación se aplicará sobre la cuota por contingencias comunes correspondiente a la base mínima de cotización del tramo 1 de la tabla general de bases, conforme a lo previsto en la regla 1.ª del artículo 308.1.a) del texto refundido de la Ley General de la Seguridad Social.

CUESTIONES

1. ¿Qué requisitos han de cumplirse para el acceso a las bonificaciones por altas de familiares colaboradores de trabajadores autónomos?

Alta inicial en el RETA o no haber estado en situación de alta en los cinco años inmediatamente anteriores a contar desde la fecha de efectos de alta, en el RETA.

2. ¿Cómo se acredita la consideración de familiares a efectos de bonificación?

Se considerará pareja de hecho la constituida, con análoga relación de afectividad a la conyugal, por quienes, no hallándose impedidos para contraer matrimonio, no tengan vínculo matrimonial con otra persona y acrediten, mediante el correspondiente certificado de empadronamiento, una convivencia estable y notoria y con una duración ininterrumpida no inferior a cinco años.

La existencia de pareja de hecho se acreditará mediante certificación de la inscripción en alguno de los registros específicos existentes en las comunidades autónomas o ayuntamientos del lugar de residencia o mediante documento público en el que conste la constitución de dicha pareja.

Responsabilidad subsidiaria del autónomo titular

El trabajador autónomo que sea titular del negocio industrial o mercantil o de la explotación agraria o marítimo-pesquera responderá subsidiariamente del cumplimiento de las obligaciones de afiliación, alta, baja y comunicación de variaciones de datos que correspondan a los familiares que, por realizar una actividad en tal negocio o explotación, estén comprendidos en el campo de aplicación del Régimen Especial de los Trabajadores por Cuenta Propia o Autónomos y, como trabajadores por cuenta propia, del Régimen Especial de los Trabajadores del Mar.

Asimismo, responderán subsidiariamente del cumplimiento de dichas obligaciones las sociedades colectivas, así como las sociedades comanditarias con respecto a sus socios colectivos y las cooperativas de trabajo asociado, cuando proceda la inclusión de unos y otros en el correspondiente régimen especial.

El plazo para el cumplimiento de tales obligaciones será de seis días contados a partir del siguiente al agotamiento del término establecido o el superior concedido por la Tesorería General de la Seguridad Social para el cumplimiento de tales obligaciones por los obligados principales y éstos las hubieren incumplido (art. 43.2 del Real Decreto 2064/1995, de 22 de diciembre).

Excepciones en la contratación como autónomo colaborador

Con carácter general, los familiares del empresario hasta el segundo grado por consanguinidad o afinidad quedarán encuadrados en el RETA como colaboradores familiares, salvo que acrediten su condición de trabajadores por cuenta ajena. No obstante, hemos de tener en cuenta dos excepciones:

‖ Contrato de trabajo indefinido de familiar del trabajador autónomo (vigente desde el 26/10/2017 al 31/08/2023)

Con efectos de 26 de octubre de 2017 y hasta el 31 de agosto de 2023, la D.A. 7.ª de la Ley 6/2017, de 24 de octubre, establecía una bonificación para la contratación de familiares del trabajador autónomo como trabajadores por cuenta ajena.

Durante este periodo el autónomo titular podía contratar como trabajadores por cuenta ajena, por tiempo indefinido —y jornada completa o parcial— a su cónyuge, ascendientes, descendientes y demás parientes por consanguinidad o afinidad, hasta el segundo grado inclusive con una bonificación del 100 por 100 en la cuota empresarial por contingencias comunes durante un período de 12 meses (D.A. 7.ª de la Ley 6/2017, de 24 de octubre). Mediante la D.D. Única.j) del Real Decreto-ley 1/2023, de 10 de enero, se eliminó, con efectos desde el 1 de septiembre de 2023, esta bonificación por la contratación de familiares del trabajador autónomo.

‖ Contratación de un hijo en el Régimen General

El trabajador autónomo puede contratar a su hijo/a, no obstante, teniendo en cuenta si es mayor o menor de 30 años y la convivencia entre ambos ha de actuarse de diferente manera, siendo posible la contratación como trabajador por cuenta ajena sin derecho a prestación por desempleo (menor de 30 años que conviva con el autónomo principal y dependa de él económicamente), con prestación por desempleo (en caso de demostrarse la independencia económica y falta de convivencia) o como autónomo colaborador.

Sin perjuicio de lo previsto en el apartado anterior, el autónomo titular podrá contratar, como trabajadores por cuenta ajena, a los **hijos menores de 30 años (o mayores de 30 si tienen especiales dificultades para su inserción**

laboral), aunque convivan con ellos. En este caso, del ámbito de la acción protectora dispensada a los familiares contratados quedará excluida la cobertura por desempleo (art. 12.2 de la LGSS y D.A. 10.ª de la LETA).

A TENER EN CUENTA. Los trabajadores autónomos podrán contratar, como trabajadores por cuenta ajena, a los **hijos menores de treinta años**, aunque convivan con él. En este caso, del ámbito de la acción protectora dispensada a los familiares contratados quedará excluida la cobertura por desempleo. Se otorgará el mismo tratamiento a los hijos que, aun siendo mayores de 30 años, tengan especiales dificultades para su inserción laboral. A estos efectos, se considerará que existen dichas especiales dificultades cuando el trabajador esté incluido en alguno de los grupos siguientes: a) Personas con parálisis cerebral, personas con enfermedad mental o personas con discapacidad intelectual, con un grado de discapacidad reconocido igual o superior al 33 por ciento. b) Personas con discapacidad física o sensorial, con un grado de discapacidad reconocido igual o superior al 33 por ciento e inferior al 65 por ciento, siempre que causen alta por primera vez en el sistema de la Seguridad Social. c) Personas con discapacidad física o sensorial, con un grado de discapacidad reconocido igual o superior al 65 por ciento.

CUESTIÓN

¿Qué sucede cuando el hijo del autónomo colaborador cumple 30 años y se encuentra contratado por cuenta ajena?

Cumplida la edad indicada, para que tales familiares puedan continuar incluidos como trabajadores por cuenta ajena en el régimen de la Seguridad Social que corresponda, será necesario presentar la declaración señalada en el texto anterior en el plazo de los 30 días naturales siguientes al del cumplimiento de dicha edad.

En estos supuestos, los hijos que convivan con los trabajadores autónomos no cotizarán por la contingencia de desempleo hasta que cumplan la edad de 30 años.

RESOLUCIÓN RELEVANTE

STSJ de Andalucía, rec. 46/2018, de 28 de marzo de 2019, ECLI:ES:TSJAND:2019:1729

«La interpretación conjunta de los preceptos antes mencionados [art. 12.2 de la LGSS y D.A. 10.ª del Estatuto del Trabajo Autónomo] conduce a estimar que el hijo menor de 30 años que convive con su padre y empleador, puede ser contratado por éste como trabajador por cuenta ajena, sin que ello implique una presunción de inexistencia de relación laboral, si bien queda excluido de la protección por desempleo; pero que el hijo menor de 30 años contratado por su padre, que no convive con él y que goza de independencia económica, mantiene una relación laboral que despliega toda su eficacia en el ámbito de protección de la seguridad social, incluida la prestación por desempleo».

5.
ACTUACIONES DE LA INSPECCIÓN DE TRABAJO, TGSS Y SEPE ASOCIADAS A LA CONTRATACIÓN FRAUDULENTA DE FAMILIARES

La Inspección de Trabajo (ITSS), la Tesorería General de la Seguridad Social (TGSS), el Instituto Nacional de la Seguridad Social (INSS) y el Servicio Público de Empleo Estatal (SPEE) actuarán de distintas formas y ámbitos de actuación en caso de detectarse indicios en el encuadramiento de la seguridad social o para la obtención de las prestaciones por desempleo en caso de la contratación «fraudulenta» de familiares.

5.1. Actuación de la Inspección de Trabajo de la Seguridad Social

Los Inspectores de Trabajo y Seguridad Social, en el ejercicio de sus funciones, están autorizados a desplegar toda una serie de actuaciones tendentes a la comprobación de los hechos que presuntamente son constitutivos de infracción, por acción u omisión, en el plano del orden social (art. 13 de la Ley 23/2015, de 21 de julio).

La Ley 23/2015, de 21 de julio, Ordenadora del Sistema de Inspección de Trabajo y Seguridad Social prevé que la actuación de la Inspección de Trabajo y Seguridad Social se desarrollará mediante visita a los centros o lugares de trabajo, sin necesidad de aviso previo; mediante requerimiento de comparecencia ante el funcionario actuante de quien resulte obligado (art. 21) y que los hechos constatados por los funcionarios de la Inspección de Trabajo y Seguridad Social que se formalicen en las actas de infracción y de liquidación, observando los requisitos legales pertinentes, tendrán presunción de certeza, sin perjuicio de las pruebas que en defensa de los respectivos derechos o intereses pueden aportar los interesados. El mismo valor probatorio se atribuye a los hechos reseñados en informes emitidos por la Inspección de Trabajo y

Seguridad Social como consecuencia de comprobaciones efectuadas por la misma, sin perjuicio de su contradicción por los interesados en la forma que determinen las normas procedimentales aplicables (art. 23). (STSJ de Murcia, rec. 460/2017, de 5 de abril de 2019, ECLI:ES:TSJMU:2019:662).

> **A TENER EN CUENTA.** Por lo que concierne a las actas levantadas por la Inspección de Trabajo, tanto el art. 23 de la Ley 23/2015, de 21 de julio Ordenadora del Sistema de Inspección de Trabajo y Seguridad Social, y art. 15 del Real Decreto 928/1998, de 14 de mayo; como en el art. 53.2 del Real Decreto Legislativo 5/2000, de 4 de agosto, que aprueba el texto refundido de la Ley sobre Infracciones y Sanciones en el Orden Social; y el art. 151. 8 de la LRJS, les otorgan presunción de certeza respecto de los hechos reflejados en ellas, que hayan sido constatados por el Inspector actuante, salvo prueba en contrario.

De esta forma, llevado al plano de análisis, tras una inspección de trabajo en la que se detectan posibles incumplimientos relacionados con el trabajo de un familiar en la empresa o para el autónomo persona física, finalizada la actividad comprobatoria inspectora, los inspectores de Trabajo y Seguridad Social podrán adoptar las medidas que consideren siguiendo la legislación en vigor y lo establecido en el art. 22 de la Ley 23/2015, de 21 de julio, ordenadora de Inspección de Trabajo y Seguridad Social. En concreto:

Acta de advertencia	Advertir y requerir al sujeto responsable, en vez de iniciar un procedimiento sancionador, cuando las circunstancias del caso así lo aconsejen, y siempre que no se deriven perjuicios directos a los trabajadores o a sus representantes (art. 22 de la LOIT).
Actas de infracción	Por las que se iniciaría el procedimiento sancionador. (Resolución de 23 de junio de 1998, de la Subsecretaría, por la que se aprueban los modelos de actas y propuestas de liquidación de la Inspección de Trabajo y Seguridad Social).
Actas de liquidación	Procederá la formulación de actas de liquidación en las deudas por cuotas originadas en base a incumplimientos de los arts. 64 de la LGSS y 31 del Real Decreto 928/1998, de 14 de mayo. Del mismo modo, la Inspección de Trabajo y Seguridad Social podrá formular requerimientos a los sujetos obligados al pago de cuotas adeudadas por cualquier causa, previo reconocimiento de la deuda por aquellos ante el funcionario actuante. En este caso, el ingreso de la deuda por cuotas contenida en el requerimiento será hecho efectivo en el plazo que determine la Inspección de Trabajo y Seguridad Social, que no será inferior a un mes ni superior a cuatro meses. En caso de incumplimiento del requerimiento, se procederá a extender acta de liquidación y de infracción por impago de cuotas.

Notificación de descubiertos	Cuando en el ejercicio de su función, la Inspección de Trabajo y Seguridad Social comprobase la existencia de deudas por cuotas a la Seguridad Social o conceptos asimilados, podrá requerir a quien estime sujeto responsable de su pago para que proceda a su ingreso efectivo, absteniéndose de iniciar expedientes sancionador y liquidatorio a resultas de su cumplimiento (art. 35 del Real Decreto 928/1998, de 14 de mayo).
Acta de infracción por obstrucción	Toda persona natural o jurídica estará obligada a proporcionar a la Inspección de Trabajo y Seguridad Social toda clase de datos, antecedentes o información con trascendencia en los cometidos inspectores, siempre que se deduzcan de sus relaciones económicas, profesionales, empresariales o financieras con terceros sujetos a la acción inspectora, cuando a ello sea requerida en forma. Tal obligación alcanza a las entidades colaboradoras de los órganos de recaudación de la Seguridad Social y a las depositarias de dinero en efectivo o de fondos en cuanto a la identificación de pagos realizados con cargo a las cuentas que pueda tener en dicha entidad la persona que se señale en el correspondiente requerimiento, sin que puedan ampararse en el secreto bancario. La obligación de los profesionales de facilitar información no alcanza a aquellos datos confidenciales a que hubieran accedido por su prestación de servicios de asesoramiento y defensa o con ocasión de prestaciones o atenciones sanitarias, salvo conformidad previa y expresa de los interesados. El incumplimiento de estos requerimientos se considerará como infracción por obstrucción conforme al texto refundido de la Ley sobre Infracciones y Sanciones en el Orden Social (art. 18.2 de la LOIT y arts. 4, 10, 16 y 40 del Real Decreto 928/1998, de 14 de mayo).
Promover procedimientos de oficio	Promover procedimientos de oficio para la inscripción de empresas, afiliación y altas y bajas de trabajadores, así como para el encuadramiento de empresas y trabajadores en el régimen de la Seguridad Social adecuado, sin perjuicio del inicio del expediente liquidatario a que se refiere el apartado anterior (art. 22.7 de la LOIT).

En un caso como el analizado nos encontraremos con dos tipos de actas:

Actas de infracción

Las actas de infracción de la Inspección de Trabajo y Seguridad Social conllevan la iniciación de un procedimiento sancionador (art. 14 del Real Decreto 928/1998, de 14 de mayo).

Acta de liquidación de cuotas

La Inspección de Trabajo y Seguridad Social, en relación con las deudas por cuotas a la Seguridad Social y conceptos de ingreso conjunto con estas, podrá formular propuestas de liquidación, actas de liquidación y requerimientos en los supuestos y con alcance que se establece en los arts. 29-36 del Real Decreto 928/1998, de 14 de mayo, reguladores de los expedientes administrativos iniciados con ocasión de débitos contraídos por los sujetos responsables con la Seguridad Social.

Las propuestas de liquidación se comunicarán a la Tesorería General de la Seguridad Social, la cual, una vez haya formalizado las oportunas reclamaciones de deudas, procederá a reclamar directamente al sujeto responsable su importe en los siguientes supuestos (art. 31 del Real Decreto 928/1998, de 14 de mayo):

- Falta de afiliación o alta de las personas trabajadoras en cualquiera de los regímenes del sistema de la Seguridad Social.

- Diferencias entre lo que debió ingresarse y lo efectivamente ingresado por el sujeto responsable del abono de las cuotas.

- Por derivación de responsabilidad en los supuestos previstos en la ley.

- Aplicación indebida de las bonificaciones en las cotizaciones de la Seguridad Social, previstas reglamentariamente para la financiación de las acciones formativas del subsistema de formación profesional para el empleo.

A TENER EN CUENTA. Corresponderá al trabajador familiar impugnar el acta de inspección.

Consecuencias del posible incumplimiento detectado

Si se cumplen todas las exigencias propias del trabajo por cuenta ajena: trabajo, dependencia, ajenidad y retribución, que determina el artículo 1.1 del Estatuto de los Trabajadores, la ITSS y la TGSS entenderán incumplida la obligación de dar de alta al trabajador familiar en el Régimen General de la Seguridad Social desde el inicio de la relación laboral (pudiendo tomar como referencia la fecha que conste en el contrato de prestación de servicios del autónomo por ejemplo).

Esto constituye una infracción en materia de Seguridad Social, por falta de alta del trabajador en el Régimen General de la Seguridad Social, conforme a lo dispuesto en el art. 20 del Real Decreto Legislativo 5/200, de 4 de agosto, por el que se aprueba el texto refundido de la Ley sobre infracciones y Sanciones en el Orden social (LISOS), por incumplimiento de lo establecido en el art. 139 de la ley General de la Seguridad social y art. 32.3.1.º del Real Decreto 84/1996, de 26 de enero, que aprueba el Reglamento General sobre inscripción de empresas y afiliación, altas y bajas y variaciones de datos de trabajadores en la Seguridad Social.

La infracción se tipifica y califica preceptivamente en los arts. 20-23 de la LISOS.

La cuantía de las sanciones viene regulada en el art. 40 de la Ley sobre Infracciones y Sanciones en el Orden Social, pudiendo imponerse en los grados de mínimo, medio y máximo, atendiendo a los criterios establecidos en el art. 39 de la LISOS.

Por otra parte, el artículo 46.2 de la citada LISOS, establece la pérdida automática con efectos desde la fecha de comisión de la infracción de las ayudas, bonificaciones y, en general, de los beneficios derivados de los programas de empleo de manera proporcional al número de trabajadores afectados por la infracción, debiendo vincularse la pérdida de dichos beneficios a los de mayor cuantía, según se indica en el art. 46.1.a) de la LISOS.

Impugnación de la actuación de la Inspección de Trabajo

El art. 23 del RGPSL regula el **recurso ordinario o de alzada** contra las resoluciones que terminan el procedimiento sancionador. Con carácter general el recurso de alzada se regirá por lo establecido en la Ley 39/2015, de 1 de octubre.

Se podrá interponer recurso ordinario en el plazo de un mes ante el órgano superior competente por razón de la materia (de acuerdo con la atribución de competencias sancionadoras del art. 4 del RGPSL), cuya resolución agotará la vía administrativa, fundada en motivos de nulidad o anulabilidad (arts. 47 y 48 de la LPACAP).

Del mismo modo, contra las resoluciones y los actos de trámite, si estos últimos deciden directa o indirectamente el fondo del asunto, determinan la imposibilidad de continuar el procedimiento, producen indefensión o perjuicio irreparable a derechos e intereses legítimos, podrán interponerse por los interesados los recursos de alzada y potestativo de reposición, que cabrá fundar en cualquiera de los motivos de nulidad o anulabilidad citados (art. 112.1 de la LPACAP).

Las resoluciones dictadas por los directores generales competentes por razón de la cuantía que no pongan fin a la vía administrativa y las dictadas por el Secretario de Estado de la Seguridad Social, podrán ser objeto de recurso ordinario ante el Ministro de Trabajo y Asuntos Sociales. Las resoluciones del Ministro de Trabajo y Asuntos Sociales y del Consejo de Ministros agotan la vía administrativa.

En el ámbito de competencia de las comunidades autónomas corresponderá a éstas la determinación de los órganos competentes para la resolución del recurso ordinario.

El recurso ordinario se regirá por lo establecido por la Ley de Régimen Jurídico de las Administraciones Públicas y del Procedimiento Administrativo Común en lo no regulado por el analizado art. 23 del RGPSL.

Transcurridos tres meses desde la interposición del recurso ordinario sin que recaiga resolución, se podrá entender desestimado y quedará expedita la vía jurisdiccional.

Como **generalidades del recurso de alzada:**

Los arts. 121-122 de la Ley 39/2015, de 1 de octubre, se ocupan del **recurso de alzada** y lo hacen en los siguientes términos:

- Las resoluciones y actos a que se refiere el apdo. 1 del art. 112 de la Ley 39/2015, de 1 de octubre, **cuando no pongan fin a la vía administrativa**, podrán ser recurridos en alzada ante el **órgano superior jerárquico del que los dictó**. A estos efectos, los Tribunales y órganos de selección del personal al servicio de las Administraciones Públicas y cualesquiera otros que, en el seno de éstas, actúen con autonomía funcional, se considerarán dependientes del órgano al que estén adscritos o, en su defecto, del que haya nombrado al presidente de los mismos.

- El recurso **podrá interponerse ante el órgano que dictó el acto que se impugna o ante el competente para resolverlo.**

- Si el recurso se hubiera interpuesto ante el órgano que dictó el acto impugnado, éste deberá remitirlo al competente en el plazo de diez días, con su informe y con una copia completa y ordenada del expediente.

- El titular del órgano que dictó el acto recurrido será responsable directo del cumplimiento de lo previsto en el párrafo anterior.

- El **plazo** para la interposición del recurso de alzada será de un mes, si el acto fuera expreso. Transcurrido dicho plazo sin haberse interpuesto el recurso, la resolución será firme a todos los efectos.

- Si el acto no fuera expreso el solicitante y otros posibles interesados podrán interponer recurso de alzada en cualquier momento a partir del día siguiente a aquel en que, de acuerdo con su normativa específica, se produzcan los efectos del silencio administrativo.

- El **plazo máximo para dictar y notificar la resolución será de tres meses**. Transcurrido este plazo sin que recaiga resolución, se podrá entender desestimado el recurso, salvo en el supuesto previsto en el tercer párrafo del art. 24.1 de la Ley 39/2015, de 1 de octubre.

- Contra la resolución de un recurso de alzada no cabrá ningún otro recurso administrativo, salvo el recurso extraordinario de revisión, en los casos establecidos en el art. 125.1 de la Ley 39/2015, de 1 de octubre.

A TENER EN CUENTA. Con efectos de 1 de enero de 2022 se ha modificado la regulación del recurso de alzada contenida en el art. 23 del Real Decreto 928/1998, de 14 de mayo, para adaptarla a las actuaciones administrativas automatizadas de la Inspección de Trabajo y Seguridad Social y la nueva posibilidad de pronto pago (art. 14.6).

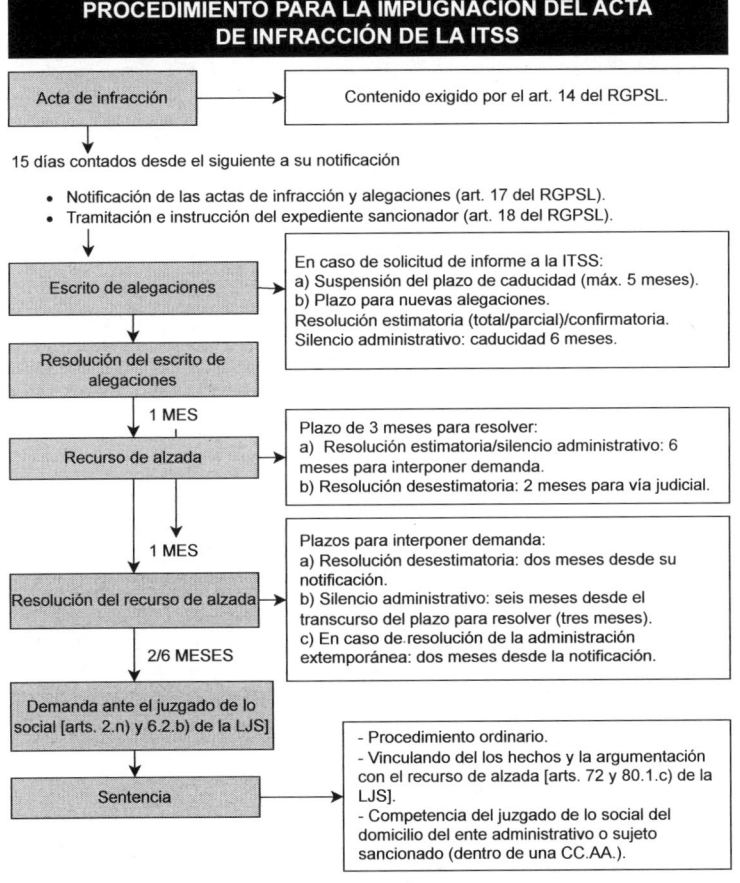

PROCEDIMIENTO PARA LA IMPUGNACIÓN DEL ACTA DE INFRACCIÓN DE LA ITSS

Acta de infracción → Contenido exigido por el art. 14 del RGPSL.

15 días contados desde el siguiente a su notificación

- Notificación de las actas de infracción y alegaciones (art. 17 del RGPSL).
- Tramitación e instrucción del expediente sancionador (art. 18 del RGPSL).

Escrito de alegaciones → En caso de solicitud de informe a la ITSS:
a) Suspensión del plazo de caducidad (máx. 5 meses).
b) Plazo para nuevas alegaciones.
Resolución estimatoria (total/parcial)/confirmatoria.
Silencio administrativo: caducidad 6 meses.

Resolución del escrito de alegaciones

1 MES

Recurso de alzada → Plazo de 3 meses para resolver:
a) Resolución estimatoria/silencio administrativo: 6 meses para interponer demanda.
b) Resolución desestimatoria: 2 meses para vía judicial.

1 MES

Resolución del recurso de alzada → Plazos para interponer demanda:
a) Resolución desestimatoria: dos meses desde su notificación.
b) Silencio administrativo: seis meses desde el transcurso del plazo para resolver (tres meses).
c) En caso de resolución de la administración extemporánea: dos meses desde la notificación.

2/6 MESES

Demanda ante el juzgado de lo social [arts. 2.n) y 6.2.b) de la LJS]

Sentencia → - Procedimiento ordinario.
- Vinculando del los hechos y la argumentación con el recurso de alzada [arts. 72 y 80.1.c) de la LJS].
- Competencia del juzgado de lo social del domicilio del ente administrativo o sujeto sancionado (dentro de una CC.AA.).

CUESTIÓN

La demanda contra acta de infracción de la ITSS, ¿se realiza ante la jurisdicción social o ante la jurisdicción contencioso-administrativa?

El art. 2.n) de la LRJS [en consonancia con el art. 6.2.b) de la LRJS], atribuye a la jurisdicción social la impugnación de resoluciones administrativas recaídas en el ejercicio de la potestad sancionadora en materia laboral.

Los plazos para interponer demanda son:

- En caso de resolución desestimatoria del recurso de alzada: dos meses desde su notificación.

- En caso de silencio administrativo: seis meses desde el transcurso del plazo para resolver [dada la obligación de resolver de la Administración Pública, en caso de esperar a la resolución administrativa (aún fuera de plazo), se dispondrá de dos meses desde su recepción para interponer la demanda ante el Juzgado de lo Social].

De conformidad con los arts. 72 y 80.1.c) de la LJS, en la demanda no podrán alegarse, hechos o argumentos distintos a los esgrimidos en el recurso de alzada.

JURISPRUDENCIA

STS n.º 1446/2019, de 24 de octubre de 2019, ECLI:ES:TS:2019:3335

«Se fundamenta el acuerdo recurrido que el acuerdo fue notificado al interno el día 26 de octubre y que, desde el centro penitenciario de Navalcarnero, presentó su alzada el día 2 de diciembre siguiente y, por ello, dice, fuera claramente del plazo establecido (...).

Procede en consecuencia estimar el recurso y, al no formular el recurrente otras pretensiones que las de su queja a que se inadmita por extemporáneo un recurso que no le fue notificado en forma, procede retrotraer las actuaciones en vía administrativa para que la Comisión Permanente del CGPJ se pronuncie correctamente sobre el fondo del recurso de alzada presentado por el interno, única forma de lograr que el recurrente pueda formular las pretensiones que entienda oportunas contra la nueva resolución».

RESOLUCIONES RELEVANTES

STSJ de Extremadura n.º 273/2019, de 23 de julio de 2019, ECLI:ES:TSJEXT:2019:833

«Frente a la resolución expresa del titular de la Dirección General de Agricultura y Ganadería que no pone fin a la vía administrativa, podrá interponerse recurso de alzada ante la misma Dirección General o ante el titular de la Consejería de Medio Ambiente y Rural, Políticas Agrarias y Territorio en los plazos y términos recogidos en los artículos 121 y 122 de la Ley 39/2015, de 1 de octubre, del Procedimiento Administrativo Común de las Administraciones Públicas, todo ello sin perjuicio de cualquier otro recurso que estime oportuno (...)».

STSJ de Comunidad Valenciana n.º 137/2019, de 6 de marzo de 2019, ECLI:ES:TSJCV:2019:1300

«Frente a la conclusión anterior opone la demandante en su escrito de conclusiones, tal como ha sido antes reseñado, que la administración autonómica debió advertirle al notificarle el acuerdo de 16 de diciembre de 2016 de que la no interposición del recurso de alzada contra el mismo conllevaría como consecuencia la ulterior inadmisión del recurso contencioso-administrativo. Esa argumentación ha de ser rechazada. En el pie de recurso de la notificación de aquel acuerdo autonómico se indicaba a la interesada que 'Contra el presente acuerdo, que no agota la vía administrativa, podrá interponerse Recurso de Alzada ante el Secretario Autonómico de Vivienda, Obras Públicas y Vertebración del Territorio, en el plazo de un mes, contado desde el día siguiente a la notificación del mismo, de conformidad con lo dispuesto en el artículo 10.3 del Decreto 8/2016, de 5 de febrero, del Consell, por el que se aprueba el Reglamento de los órganos territoriales y urbanísticos de la Generalitat, en relación con los artículos 121 y 122 de la Ley 39/2015, de 1 de octubre, de Procedimiento Administrativo Común de las Administraciones Públicas». La notificación se ajustó, por consiguiente, a las exigencias del art. 40.2 de la Ley 39/2015. «Toda notificación (...) deberá contener el texto íntegro de la resolución, con indicación de si pone fin o no a la vía administrativa, la expresión de los recursos que procedan, en su caso, en vía administrativa y judicial, el órgano ante el que hubieran de presentarse y el plazo para interponerlos, sin perjuicio de que los interesados puedan ejercitar, en su caso, cualquier otro que estimen procedente».

STSJ de Castilla la-Mancha n.º 49/2019, de 4 de marzo de 2019, ECLI:ES:TSJCLM:2019:542

«Finalmente, estima la Sala que ha de ser igualmente desestimada la causa de inadmisibilidad opuesta al amparo del artículo 69.c) de la LJCA, en relación con su artículo 25, y el artículo 121 de la Ley 39/2015, de 1 de octubre, de Procedimiento Administrati-

vo Común de las Administraciones Públicas, referente a la falta de agotamiento de la vía administrativa previa, y ello por las razones que se expusieron con ocasión del análisis de la primera causa de inadmisibilidad tratada en las líneas que preceden».

STSJ de Extremadura n.º 165/2019, de 16 de mayo de 2019, ECLI:ES:TSJEXT:2019:479

«Frente a la resolución expresa del titular de la Dirección General de Agricultura y Ganadería que no pone fin a la vía administrativa, podrá interponerse recurso de alzada ante la misma Dirección General o ante el titular de la Consejería de Medio Ambiente y Rural, Políticas Agrarias y Territorio en los plazos y términos recogidos en los artículos 121 y 122 de la Ley 39/2015, de 1 de octubre, del Procedimiento Administrativo Común de las Administraciones Públicas, todo ello sin perjuicio de cualquier otro recurso que estime oportuno».

STSJ de Madrid n.º 887/2018, de 20 de noviembre de 2018, ECLI:ES:TSJM:2018:10742

«El plazo máximo de resolución será de veinte días desde la presentación electrónica de la solicitud en el órgano competente para su tramitación. Si no se resuelve en dicho plazo, la autorización se entenderá estimada por silencio administrativo. Las resoluciones serán motivadas y podrán ser objeto de recurso de alzada, de acuerdo con lo previsto en los artículos 121 y 122 de la Ley 39/2015, de 1 de octubre, del Procedimiento Administrativo Común de las Administraciones Públicas».

STSJ de Andalucía n.º 774/2018, de 13 de septiembre de 2018, ECLI:ES:TSJAND:2018:11555

«Pues bien, como expone esta última resolución la misma no agotaba la vía administrativa, toda vez que frente a ella cabía interponer recurso de alzada en el plazo de un mes desde su notificación de acuerdo con lo prevenido en los artículos 121 y 122 de la Ley 39/2015, de 1 de octubre, del Procedimiento Administrativo Común de las Administraciones Públicas. Esto es, la desestimación inicial de la petición formulada por la actora, ya presunta (que es la impugnada judicialmente) ya expresa (la de junio de 2017, en este caso parcial), no agotaba la vía administrativa, toda vez que contra esa desestimación cabía formular recurso administrativo de alzada; de manera que es una vez deducido éste, y de ser su decisión contraria a los intereses de la interesada, es cuando ésta podría accionar frente a la misma en sede judicial mediante la interposición del recurso contencioso-administrativo, pues de acuerdo con el artículo 25.1 LJCA éste sólo resulta admisible frente a los actos que pongan fin a la vía administrativa. No lo hizo así, y ello debe abocar indefectiblemente a declarar la inadmisibilidad del recurso; sin que resulte por lo demás procedente pronunciamiento alguno en torno a la alegada impertinencia de las obligaciones económicas reclamadas por la TGSS, pues ésta tiene por presupuesto el alta indebida de la actora en el RETA con fecha de efectos de 30 de abril de 2009, cuestión ésta respecto de la que —reiteramos— no se ha agotado la vía administrativa tras el pronunciamiento desestimatorio de la TGSS sobre el particular».

SAN, rec. 287/2015, de 11 de mayo de 2018, ECLI:ES:AN:2018:2340

«La recurrente indicada interpuso el día 23 de junio de 2016 ante esta Sala de lo contencioso-administrativo recurso contencioso-administrativo contra la Resolución dictada por el Ministerio de Fomento el día 17 de abril de 2015 por la que se resuelve estimar el recurso de alzada impropio interpuesto por el Presidente del Ente Público Puertos del Estado contra el acuerdo del Consejo de Administración de la Autoridad Portuaria de Barcelona (APB) de fecha 17 de diciembre de 2014, por el que se aprobó convocar un concurso para la adjudicación del contrato de gestión y explotación de la Plataforma de Comercio Electrónico de la APB».

> **SAN, rec. 250/2018, de 4 de noviembre de 2019, ECLI:ES:AN:2019:3921**
>
> *«La AEAT tiene personalidad jurídica plena, como bien dice la actora, pero para el cumplimiento de sus objetivos se organiza en Delegaciones y Dependencias para la aplicación efectiva del sistema tributario. Y esa organización tiene su correspondiente delegación de facultades, de ahí que, en el caso que nos ocupa, quien puede interponer el recurso de alzada sea, conforme al art. 241 de la LGT, los Directores Generales del Ministerio de Economía y Hacienda y los Directores de Departamento de la Agencia Estatal de Administración Tributaria en las materias de su competencia, así como los órganos equivalentes o asimilados de las Comunidades Autónomas y de las Ciudades con Estatuto de Autonomía en materia de su competencia. Debe tenerse en cuenta que la personación en un proceso o en un procedimiento debe entenderse en sentido estricto, y el acto de comparecer formalmente en un juicio o en un procedimiento administrativo no puede eludirse con esas alegaciones generales de que la Administración es una persona jurídica única, porque desde la perspectiva que nos ocupa se necesita la personación de quien está legitimado que es el Director del Departamento de Inspección Financiera y Tributaria que no estaba personado ante el TEAR. Lo que nos conduce a comprender que esa falta de personación ante el TEAR permite que el recurso de alzada se desdoble en dos fases, una primera de interposición del recurso o de anuncio de interposición del recurso y otra de alegaciones (...). Del expediente administrativo surge que el 4 marzo 2015 se notifica el fallo del TEAR al Director del Departamento de Inspección Financiera y Tributaria y en fecha 20 marzo 2015 se remite el escrito de interposición del recurso de alzada ante el TEAC, por lo que no ha transcurrido el plazo de 1 mes previsto en el art. 241 de la LGT».*

5.2. Actuación de la Tesorería General de la Seguridad Social

Comunicado el posible fraude en la contratación familiar por parte de la inspección, la TGSS realizará las actuaciones que considere oportunas que van desde practicar el alta de oficio, la revisión del encuadramiento previamente realizado o iniciar un procedimiento de oficio para que los juzgados de lo social concreten la existencia de fraude y sus repercusiones. Simplificando este aspecto —cosa a lo que no ayuda la regulación normativa— **los posibles métodos de actuación por parte de la TGSS** para actuar sobre la supuesta situación fraudulenta se encuentran recogidos en distinta regulación:

- Iniciación del procedimiento de oficio en virtud de un acta de infracción o de un acta de liquidación emitida por la Inspección de Trabajo y Seguridad Social, en base a los arts. 148.d) y 146 a 156 de la Ley Reguladora de la Jurisdicción Social.

- Procediendo directamente a practicar el alta de oficio, sin realizar actuación de ningún tipo, en relación a la comunicación del acta de inspección, en cumplimiento del art. 16.4 de la LGSS.

A estas dos posibilidades que aparecen en la práctica, debemos sumar una **posible revisión de oficio de los actos de encuadramiento** «(...) siempre que no se afecte a los actos declarativos de derechos, así como de los que sean debidos a omisiones o inexactitudes en las solicitudes y demás declaraciones del beneficiario, incluso si los mismos fueran declarativos de derechos», en base al art. 56.1 del Real Decreto 84/1996, de 26 de enero.

La necesidad de que el ente gestor no recurra a los tribunales para realizar el alta de oficio en casos de trabajo familiar (u otros supuestos) es objeto de litigio en múltiples ocasiones, dado que sería posible entender la falta de competencia de la Tesorería, al menos de inicio, para anular un alta (en el RGSS cuando se entienda la necesidad de dar de alta como autónomo al familiar por ejemplo) previamente aceptada. La posible actuación directa (art. 16.4 de la LGSS), o previa demanda de oficio (art. 148 de la LRJS) o procedimiento de revisión, deriva de las pruebas aportadas por los inspectores actuantes, dándose en ocasiones supuestos en los que la TGSS tramita de oficio las altas en virtud de la sola comunicación de la Inspección. (STS, rec. 3582/2020, 10 de enero de 2022, ECLI:ES:TS:2022:77 y STSJ de Madrid n.º 341/2023, de 11 de mayo de 2023, ECLI:ES:TSJM:2023:5182).

Esto sin duda puede resultar confuso, por lo que debemos aclarar que el alta de oficio en el RETA efectuada por la TGSS es un procedimiento relacionado con los de liquidación y sanción —que también traen causa en el acta de inspección— pero independiente de los mismos, sin perjuicio de las consecuencias que un pronunciamiento de la jurisdicción social sobre la relación jurídica pudiera tener.

CUESTIÓN

¿La administración debe acudir a la vía de la jurisdicción social o puede acordar de oficio la revisión de actos que impliquen altas y bajas en el régimen de la Seguridad Social?

La Administración no puede apreciar una modificación de alta o de baja en un régimen de la seguridad social que implique un efecto directo en los derechos de la relación laboral e inclusive en la propia relación laboral cuando se oponga a ello el beneficiario, debiendo acudir a la jurisdicción social aun en el supuesto en que considere la Administración que existe una simulación en la relación laboral entre empleador y trabajador. (STSJ de Castilla y León, rec. 59/2022, de 4 de noviembre de 2022, ECLI:ES:TSJCL:2022:4308).

Interpretando el art. 146 de la LRJS, la STS n.º 226/2022, de 22 de febrero de 2022, «(...) la revisión de actos declarativos de derechos de la Seguridad Social no puede llevarse a cabo por vía administrativa, sino que habrá de ser instada en vía jurisdiccional presentando la oportuna demanda —debe entenderse que frente al beneficiario del acto— ante el Juzgado de lo Social competente». Las únicas dos excepciones a dicha regla general, de conformidad con el art. 146 de la LRJS y el art. 55 del Real Decreto 84/1996, son:

1. Que se trate de una mera rectificación de errores de hecho, materiales y aritméticos.

2. *Que la revisión venga ocasionada por omisiones o inexactitudes en las declaraciones del beneficiario.* Esta última excepción tiene pleno sentido en aquellos procedimientos en que, tal como ocurre con la inclusión de un trabajador en un determinado régimen de la Seguridad Social, el acto se apoya en gran medida —cuando no totalmente— en datos declarados por los particulares: si es el propio beneficiario del acto declarativo de derechos quien, con sus omisiones o inexactitudes, ha ocasionado que dicho acto esté legalmente viciado, deja de darse la ratio por la que la Administración debe acudir a la

jurisdicción para remediar tal ilegalidad. Pero, realmente, el art. 146.2.a) de la LRJS, que posibilita la autotutela para que la Administración revise sus propios actos sin necesidad de solicitar la revisión ante la Jurisdicción Social, se refiere al caso en que se hayan producido «omisiones o inexactitudes en las declaraciones de los beneficiarios», expresión ésta en la que no cabe considerar arbitrariamente el supuesto de «simulación» de la propia relación laboral que es, en resumen, la base y el presupuesto mismo del alta del trabajador en la Seguridad Social.

Procedimiento de oficio

De la anterior reglamentación se infiere que corresponde a la Tesorería General de la Seguridad Social promover el alta y baja de los trabajadores cuando compruebe el incumplimiento de tal obligación, comprobación que puede ser consecuencia, de los datos obrantes en las entidades gestoras o servicios comunes de la Seguridad Social o de una actuación de la Inspección de Trabajo y Seguridad Social.

Los supuestos de encuadramiento, altas y bajas en los distintos regímenes de la Seguridad Social, por estar relacionados con la gestión recaudatoria de la Tesorería General de la Seguridad Social, plantean **dudas en relación a la competencia del orden social o contencioso-administrativo de la jurisdicción.**

En este sentido, la normativa establece:

Art. 2.s) de la LRJS: Los órganos jurisdiccionales del orden social, por aplicación de lo establecido en el art. 1 de la LRJS, conocerán de las cuestiones litigiosas que se promuevan:

> «En impugnación de actos de las Administraciones públicas, sujetos a derecho administrativo y que pongan fin a la vía administrativa, dictadas en el ejercicio de sus potestades y funciones en materia de Seguridad Social, distintas de las comprendidas en el apartado o) de este artículo, incluyendo las recaídas en el ejercicio de la potestad sancionadora en esta materia y con excepción de las especificadas en la letra f) del art. 3».

Art. 3. f) de la LRJS: No conocerán los órganos jurisdiccionales del orden social:

> «De las impugnaciones de los actos administrativos en materia de Seguridad Social relativos a inscripción de empresas, formalización de la protección frente a riesgos profesionales, tarificación, afiliación, alta, baja y variaciones de datos de trabajadores, así como en materia de liquidación de cuotas, actas de liquidación y actas de infracción vinculadas con dicha liquidación de cuotas y con respecto a los actos de gestión recaudatoria, incluidas las resoluciones dictadas en esta materia por su respectiva entidad gestora, en el supuesto de cuotas de recaudación conjunta con las cuotas de Seguridad Social y, en general, los demás actos administrativos conexos a los anteriores dictados por la Tesorería General de la Seguridad Social; así como de los actos administrativos sobre asistencia y protección social públicas en materias que no se encuentren comprendidas en las letras o) y s) del art. 2».

Art. 146.1 y 2 de la LRJS

«1. Las Entidades, órganos u Organismos gestores, o el Fondo de Garantía Salarial no podrán revisar por sí mismos sus actos declarativos de derechos en perjuicio de sus beneficiarios, debiendo, en su caso, solicitar la revisión ante el Juzgado de lo Social competente, mediante la oportuna demanda que se dirigirá contra el beneficiario del derecho reconocido».

«2. Se exceptúan de lo dispuesto en el apartado anterior:

a) La rectificación de errores materiales o de hecho y los aritméticos, así como las revisiones motivadas por la constatación de omisiones o inexactitudes en las declaraciones del beneficiario, así como la reclamación de las cantidades que, en su caso, se hubieran percibido indebidamente por tal motivo (...)».

Art. 55.1 del Real Decreto 84/1996, de 26 de enero

«1. Cuando la inscripción, protección de las contingencias de accidentes de trabajo y enfermedades profesionales, tarificación, cobertura de la prestación por incapacidad temporal, afiliación, altas, bajas y variaciones obrantes en los sistemas de documentación de la Tesorería General de la Seguridad Social no sean conformes con lo establecido en las leyes, en este Reglamento y demás disposiciones complementarias, si así resultare del ejercicio de sus facultades de control o por cualquier otra circunstancia, dicha Tesorería General podrá adoptar las medidas y realizar los actos necesarios para su adecuación a las normas establecidas, incluida la revisión de oficio de sus propios actos en la forma y con el alcance previstos en este artículo y los siguientes».

Del mismo modo, este Reglamento regula en sus arts. 54 y ss. las facultades de «control y revisión» de la Tesorería General de la Seguridad Social. En concreto el art. 56 prevé que el procedimiento de revisión de oficio podrá ser iniciado de oficio o a solicitud de persona interesada y que finalizará con una resolución en la que se revise, entre otros, las altas y bajas y variaciones de datos, declarándolos indebidos y fijando los efectos de los mismos. El art. 60 regula los efectos de las altas indebidas en un Régimen de la Seguridad Social.

Art. 34.2 y 4 de la LGSS

«2. Las actas de liquidación extendidas con los requisitos reglamentariamente establecidos, una vez notificadas a los interesados, tendrán el carácter de liquidaciones provisionales y se elevarán a definitivas mediante acto administrativo de la Dirección General o de la respectiva Dirección Provincial de la Tesorería General de la Seguridad Social, a propuesta del órgano competente de la Inspección de Trabajo y Seguridad Social, preceptiva y no vinculante, tras el trámite de audiencia al interesado. Contra dichos actos liquidatorios definitivos cabrá recurso de alzada ante el órgano superior jerárquico del que los dictó. De las actas de liquidación se dará traslado a los trabajadores, pudiendo los que resulten afectados interponer reclamación respecto del período de tiempo o la base de cotización a que la liquidación se contrae.»

«4. Las actas de liquidación y las de infracción que se refieran a los mismos hechos se practicarán simultáneamente por la Inspección de Trabajo y Seguridad Social. La competencia y el procedimiento para su resolución son los señalados en el apartado 2.

Las sanciones por infracciones propuestas en dichas actas de infracción se reducirán automáticamente al 50 por ciento de su cuantía, si el infractor diese su conformidad a la liquidación practicada ingresando su importe en el plazo señalado en el apartado 3. Esta reducción automática solo podrá aplicarse en el supuesto de que la cuantía de la liquidación supere la de la sanción propuesta inicialmente».

Conforme a la D.A. 1.ª.2.b) de la LPAC los procedimientos de revisión en materia de Seguridad Social se rigen por su normativa específica y supletoriamente por lo dispuesto en la Ley 39/2015, de 1 de octubre.

La jurisprudencia ha indicado:

1. **STS, rec. 4739/1998, de 1 de diciembre de 1999:** analizando la competencia del orden social en materia de encuadramiento para determinar el régimen aplicable, el TS entiende que la impugnación de los actos de encuadramiento practicados por la TGSS, cuando no se formula con un exclusivo carácter retroactivo, no puede considerarse como una materia excluida del ámbito de la jurisdicción social.

2. **STS, rec. 4194/1997, de 21 de abril de 1998, ECLI:ES:TS:1998:2530 y STS, rec. 2154/2000, 27 de marzo de 2001, ECLI:ES:TS:2001:2566:** en relación con el orden jurisdiccional competente asociado a la gestión recaudatoria en caso de baja en el RETA, establece que, «(..) se debe distinguir entre las pretensiones de retroactividad que se refiere a la obligación de cotizar y aquéllas otras que afectan a la acción protectora «y mientras que para las primeras se declara que el orden competente es el contencioso-administrativo, al tratarse de una cuestión que afecta a la gestión recaudatoria —entendida en un sentido amplio que comprende la determinación del alcance de la obligación de cotizar—, se considera que las segundas sí son cuestiones comprendidas dentro del ámbito de la jurisdicción social».

3. **STS, rec. 494/2006, 4 de enero de 2008, ECLI:ES:TS:2008:777:** reconociendo la competencia del orden social para conocer de las impugnaciones de los actos administrativos de la Seguridad Social que se fundan en infracciones de normas de procedimiento: «Todas las pretensiones que se formulen en relación con los actos administrativos de Seguridad Social, que afecten a los actos de encuadramiento y a la acción protectora, son competencia de los órganos jurisdiccionales del orden social, de conformidad con la LRJS. Y esta jurisdicción se extiende también al control judicial pleno del acto administrativo y ello tanto en lo que se refiere al contenido material de éste, como a sus aspectos formales y, concretamente, a los relativos al procedimiento. La atribución competencial no está limitada al contenido sustantivo de los actos, sino que se refiere de forma amplia a todos los litigios en materia de Seguridad Social indicados en el art. 2.a) de la indicada ley, sin ningún límite en función del carácter material o formal de la causa de impugnación del acto. No es, por tanto, aplicable

aquí el criterio de los denominados "actos separables". En virtud de lo anteriormente razonado procede casar y anular la sentencia recurrida y revocar la sentencia de instancia, al entenderse, ahora, que es la Jurisdicción del Orden Social competente para analizar los denunciados defectos de la tramitación del expediente».

Atendiendo a la normativa y jurisprudencia relacionada, deberán impugnarse en el orden contencioso-administrativo solamente los actos de gestión recaudatoria (aquellos que persigan el cobro de los recursos o que se refiera al ejercicio de la actividad administrativa conducente a la realización de los créditos y derechos de la Seguridad Social). Procediendo, en supuestos como el analizado, lo establecido en los arts. 146-150 de la LRJS, donde se regula, dentro del orden social, la **impugnación de actos administrativos en materia laboral y de Seguridad Social no prestacionales**.

La finalidad de este procedimiento de oficio es evitar que la administración laboral, al tramitar el expediente administrativo, entre a decidir cuestiones cuyo conocimiento corresponde al orden social por razón de la materia (STSJ de Aragón, rec. 485/2017, de 18 de octubre de 2017, ECLI:ES:TS-JAR:2017:1222). Es decir, a través de la demanda de oficio, la AL traslada al Juzgado determinadas cuestiones de índole netamente social con ocasión de la actuación administrativa sancionadora, para que resuelva sobre la naturaleza laboral de la relación jurídica sujeta a la labor inspectora o sobre el fondo de la cuestión, pero no, como deja dicho la STSJ de Madrid n.º 804/2008, de 28 de octubre de 2008, para que la sentencia decida sobre la regularidad del procedimiento sancionador, sobre si el supuesto infractor ha incurrido o no en conducta sancionable administrativamente, sino a declarar la naturaleza laboral de la cuestión de hecho debatida en el expediente y su calificación, sin que el órgano judicial deba entrar a valorar la conductas a efectos de decidir si la misma es o no sancionable administrativamente, ni, muchísimo menos, imponer una sanción, porque la valoración de conductas a efectos sancionadores corresponde exclusivamente a la AL, y, en su caso, al orden jurisdiccional contencioso-administrativo, en vía de recurso.

JURISPRUDENCIA

STS n.º 74/2019, de 29 de enero (recurso de casación 2972/2016) y STS n.º 1133/2021, de 15 de septiembre (casación 4068/2019)

«El supuesto de excepción a la aplicabilidad del Régimen General de revisión de los actos declarativos de derechos contemplado en el primer inciso del artículo 146.2 de la Ley 36/2011, de 10 de octubre, reguladora de la jurisdicción social, debe interpretarse en el sentido de que solo exime a las Entidades, órganos u Organismos gestores de la Seguridad Social de instar el correspondiente proceso judicial ante el Juzgado de lo Social competente, cuando la revisión tenga por objeto la rectificación de errores materiales o de hecho ostensibles, manifiestos o indiscutibles y los aritméticos, así como las revisiones motivadas por la constatación de omisiones o inexactitudes en las declaraciones del beneficiario, sin necesidad de acreditar que concurra ánimo defraudatorio en el mismo».

STSJ de Galicia, rec. 329/2018, de 7 de junio de 2018, ECLI:ES:TSJGAL:2018:4160

«(...) El proceso de oficio únicamente podrá iniciarse respecto de los actos levantados por la Inspección de Trabajo excluidas del conocimiento del orden social en la letra f) del artículo 3, entre las que se encuentran, únicamente, las actas de liquidación y de infrac-

> *ción vinculadas con dicha liquidación de cuotas. Por ello, ninguna relevancia tiene en el presente procedimiento pues el acto que aquí se recurre es el alta de oficio que se practica por la TGSS en virtud de comunicación de propuesta de alta (Trámite CELIN) de la ITSS y acta de infracción que incluye informe; sendos actos siguen procedimientos separados con sus respectivas vías impugnatorias, concerniéndonos en este momento el relativo al alta, que se practica conforme a lo previsto en el artículo 16.4 del Real Decreto Legislativo 8/2015, de 30 de octubre, por el que se aprueba el texto refundido de la Ley General de la Seguridad Social que dispone: "4. Tanto la afiliación como los trámites determinados por las altas, bajas y variaciones a que se refiere el artículo anterior podrán ser realizados de oficio por los correspondientes organismos de la Administración de la Seguridad Social cuando, a raíz de los datos de que dispongan, de las actuaciones de la Inspección de Trabajo y Seguridad Social o por cualquier otro procedimiento, se compruebe la inobservancia de dichas obligaciones". Por tanto, recibida la propuesta de ITSS, la TGSS no podía actuar sino del modo en que lo hizo, cuestión distinta es que los datos en los que se sustenta el alta se reputen suficientes para acreditar la existencia de una relación laboral».*

Impugnación de actos administrativos en materia laboral y de Seguridad Social no prestacionales

Tras la actuación de oficio por parte de la TGSS, correspondería a los juzgados de los social anular el alta/baja de oficio en el RETA o RGSS, acordado por la Tesorería General de la Seguridad Social (TGSS) a instancias de la Inspección de Trabajo y Seguridad Social, y declara el derecho del trabajador familiar a estar afiliado en el RETA o RGSS con efectos desde la fecha de la solicitud. (STSJ de Cantabria, rec. 754/2002, de 12 de febrero de 2003).

La posible impugnación de los actos administrativos en materia laboral se regula mediante el **procedimiento de oficio en materia laboral y de seguridad social**. Se trata de una modalidad procesal especial dentro del orden social (art. 148 a 150 de la LRJS). Su especialidad principal es la forma de iniciación, ya sea por certificaciones de resoluciones firmes de la autoridad laboral, acuerdos de la autoridad laboral competente o actas de infracción.

El procedimiento de oficio en materia laboral y de seguridad social es una modalidad procesal especial dentro del orden social regulada en los arts. 148 a 150 de la LRJS. Su especialidad fundamental es la forma de iniciación, en este sentido dispone el art. 148 de la LRJS que el proceso podrá iniciarse de oficio como consecuencia:

- De las **certificaciones** de las resoluciones firmes que dicte la autoridad laboral derivadas de las actas de infracción de la Inspección de Trabajo y Seguridad Social en las que se aprecien perjuicios económicos para los trabajadores afectados [art. 148.a) de la LRJS].

Los procedimientos de oficio así iniciados no impedirán la ejecución de las resoluciones administrativas sancionadoras que hayan adquirido firmeza.

A TENER EN CUENTA. Se entiende que la autoridad laboral competente en estos casos es la Dirección General que corresponda por razón de la materia, los servicios periféricos en el ámbito de la Administración General del Estado o el correspondiente órgano autonómico en aquellas CC. AA. con competencias transferidas en la materia.

– De los **acuerdos** de la autoridad laboral competente, cuando ésta apreciara fraude, dolo, coacción o abuso de derecho en la conclusión de los acuerdos de suspensión, reducción de la jornada o extinción a que se refieren los arts. 47 y 51.6 del Estatuto de los Trabajadores, y los remitiera a la autoridad judicial a efectos de su posible declaración de nulidad. Del mismo modo actuará la autoridad laboral cuando la entidad gestora de la prestación por desempleo (SEPE) hubiese informado que la decisión extintiva de la empresa pudiera tener por objeto la obtención indebida de las prestaciones por parte de los trabajadores afectados, por inexistencia de la causa motivadora de la situación legal de desempleo [arts. 124.3 y 148.b) de la LRJS]

> **A TENER EN CUENTA.** Sobre este aspecto es preciso destacar que son distintas las causas establecidas para las dos acciones previstas, así en el supuesto de impugnación del acuerdo se pude invocar fraude, dolo, coacción o abuso de derecho en su conclusión. Sin embargo, de la norma se extrae que la autoridad laboral también podrá formular la demanda del proceso de oficio cuando la entidad gestora le informe que la decisión extintiva pudiera tener como objetivo la obtención indebida de prestaciones por desempleo. (STSJ de Canarias n.º 894/2015, de 18 de diciembre de 2015, ECLI:ES:TSJICAN:2015:4439 y STSJ de Andalucía n.º 2115/2013, de 10 de julio de 2013, ECLI:ES:TSJAND:2013:6836).

– De las **actas de infracción o comunicaciones de la Inspección de Trabajo y Seguridad Social** acerca de la constatación de una discriminación por razón de sexo y en las que se recojan las bases de los perjuicios estimados para el trabajador, a los efectos de la determinación de la indemnización correspondiente. Igualmente se iniciará el procedimiento como consecuencia de las correspondientes comunicaciones y a los mismos efectos en los supuestos de discriminación por razón de origen racial o étnico, religión y convicciones, discapacidad, edad u orientación sexual u otros legalmente previstos [arts. 148.c) de la LRJS, 17 del ET, 14 de la CE, 314 del CP y 6 del Real Decreto 928/1998, de 14 de mayo].

JURISPRUDENCIA

STS n.º 46/2019, de 23 de enero de 2019, ECLI:ES:TS:2019:373 y STS n.º 530/2018, del 16 de mayo de 2018, ECLI:ES:TS:2018:2136

Dentro del proceso de oficio regulado en el art. 148.b) de la LRJS la TGSS (como autoridad laboral) tiene legitimación activa para interponer demanda en materia de infracciones de Seguridad Social.

CUESTIÓN

El art. 148 de la LRJS no establece un plazo de caducidad para la impugnación de situaciones que la AL puede realizar de oficio como un acuerdo de reducción de jornada al amparo del art. 47 del ET. ¿Qué plazo de caducidad resulta de aplicación para la impugnación de este tipo de acuerdos?

Según ha establecido la STS n.º 359/2018, de 3 de abril de 2018, ECLI:ES:TS:2018:1717, aunque no existe previsión legal (nada especifican ni el art.

138 ni el 148 de la LRJS) resulta de aplicación el plazo de caducidad señalado con carácter general para cualquier tipo de acción destinada a contrarrestar este tipo de medidas del empresario (unilaterales o pactadas), « (...) sin distinción alguna para el caso de que la impugnación provenga de la autoridad laboral en alguna de las dos facultades conferidas por el citado art. 148.b) LRJS».

Como especialidades procesales del procedimiento de oficio destacamos:

- Estos procesos se exceptúan de la conciliación previa (art. 64.1 de la LRJS)

- La demanda de oficio tiene los mismos requisitos que la demanda en los procesos ordinarios (art. 80 de la LRJS), además debe incorporar el acuerdo de suspensión, reducción de jornada o extinción impugnado y la causa invocada, junto con la identificación de las partes que intervinieron en el mismo, precisando la concreta pretensión declarativa o de condena que se pide del órgano jurisdiccional, con expresión, de proceder, de los perjuicios estimados o de las bases para la determinación de la indemnización correspondiente, así como de los datos identificativos de los trabajadores afectados y sus domicilios.

- Cuando las demandas afecten a más de diez trabajadores, el LAJ les requerirá para que, de acuerdo con lo previsto en el art. 19.2 de la LRJS, designen representante que deberá ser abogado, procurador, graduado social colegiado, uno de los propios demandantes o un sindicato (art. 149.2 de la LRJS).

- Si la demanda presenta defectos u omisiones, el LAJ dará a la autoridad laboral un plazo de subsanación de **diez días**. Si es subsanada será admitida, en caso contrario se dará cuenta al tribunal para que resuelva sobre la admisión de la demanda.

- Admitida a trámite la demanda, continuará el procedimiento con arreglo a las normas generales, con las **especialidades** siguientes (art. 150.2 de la LRJS).

  - El procedimiento se seguirá de oficio, aun sin asistencia de los trabajadores perjudicados, a los que se emplazará al efecto y una vez comparecidos tendrán la consideración de parte, si bien no podrán desistir ni solicitar la suspensión del proceso.

  - La conciliación tan sólo podrá autorizarse por el secretario judicial o en su caso por el juez o tribunal, cuando fuera cumplidamente satisfecha la totalidad de los perjuicios causados por la infracción.

  - Los pactos entre trabajadores y empresarios posteriores al acta de infracción tan sólo tendrán eficacia en el supuesto de que hayan sido celebrados en presencia del inspector de trabajo que levantó el acta o de la autoridad laboral.

  - Las afirmaciones de hechos que se contengan en la resolución o comunicación base del proceso harán fe salvo prueba en contrario, incumbiendo toda la carga de la prueba a la parte demandada.

  - Las sentencias que se dicten en estos procesos habrán de ejecutarse siempre de oficio.

Alta o baja de oficio

Partiendo del supuesto anterior, no puede obviarse que la actuación de la TGSS tiene su origen en una previa actividad inspectora de la ITSS. Por ende, cabe citar el art. 16.4 de la Ley General de la Seguridad Social que dispone: «4. Tanto la afiliación como los trámites determinados por las altas, bajas y variaciones a que se refiere el artículo anterior podrán ser realizados de oficio por los correspondientes organismos de la Administración de la Seguridad Social cuando, a raíz de los datos de que dispongan, de las actuaciones de la Inspección de Trabajo y Seguridad Social o por cualquier otro procedimiento, se compruebe la inobservancia de dichas obligaciones». El art. 15 de la LGSS, al que se remite, señala: «La afiliación a la Seguridad Social es obligatoria para las personas a que se refiere el artículo 7.1 y única para toda su vida y para todo el sistema, sin perjuicio de las altas y bajas en los distintos regímenes que lo integran, así como de las demás variaciones que puedan producirse con posterioridad a la afiliación».

Por otro lado, el Real Decreto 84/1996, de 26 de enero, por el que se aprueba el Reglamento General sobre inscripción de empresas y afiliación, altas, bajas y variaciones de datos de trabajadores en la Seguridad Social, en su art. 3.1 regula: «Corresponden a la Tesorería General de la Seguridad Social las funciones de dirección, formulación de propuestas al Ministerio de Trabajo e Inmigración y, en general, ejecución y control directos de la gestión en orden a la inscripción de empresas, apertura de cuentas de cotización, formalización de la cobertura y tarifación respecto a las contingencias de accidentes de trabajo y enfermedades profesionales, en los términos establecidos en este reglamento, así como la toma de razón de la extinción de las empresas y la instrumentación de la afiliación, altas y bajas de los trabajadores o asimilados, variaciones de datos de unas y otros y asignación del número de la Seguridad Social a los ciudadanos». (STSJ de Comunidad Valenciana, rec. 33/2007, de 14 de julio de 2008).

La función inspectora se ejerce a través de la Inspección de Trabajo y Seguridad Social, la cual además emitirá los informes que, en relación con las funciones atribuidas a la Tesorería General de la Seguridad Social, le sean solicitados por ésta; y el art. 54 del Real Decreto 84/1996, de 26 de enero, señala: «1. La autoridad laboral competente pondrá en conocimiento de la entidad gestora o colaboradora interesada y de la Tesorería General de la Seguridad Social aquellos hechos de los que, por razón de su competencia, tenga conocimiento, cuando afecten al cumplimiento de las obligaciones establecidas en el presente Reglamento, para que puedan adoptarse de oficio las medidas conducentes a la garantía de los derechos de todas aquéllas así como de las personas incluidas en el campo de aplicación de los Regímenes de la misma».

A modo de ejemplo, por tanto, si nos encontramos en presencia de una acta de infracción levantada por la ITSS ante falta de alta y cotización a la Seguridad Social del trabajador familiar, en base a las conductas tipificadas en el art. 22.2 de la LISOS, por ejemplo, donde se califica como falta grave «no solicitar la afiliación inicial o alta de los trabajadores que se encuentren a su servicio», y en el 23.1.b) de la LISOS, que se refiere a «no ingresar, en el plazo y forma reglamentarios las cuotas correspondientes que por todos los conceptos recauda la Tesorería General de la Seguridad Social», de conformidad con lo dispuesto en el art. 4.1.a).1.º del RD 928/1998, de 14 de mayo, la imposición de estas sanciones corresponderá a la Dirección Provincial de la Tesorería General de la Seguridad Social, quien está legitimada de oficio para realizar las actuaciones correctoras en el ámbito de la afiliación. (STS n.º 184/2017, de 7 de marzo de 2017, ECLI:ES:TS:2017:1141).

Un caso habitual, cuando la administración detecte la existencia de fraude, será la anulación de alta en régimen general y alta en el régimen especial de trabajadores autónomos.

El art. 35.1.2.º del Real Decreto 84/1996, de 26 de enero, establece: «Si las altas se efectuasen de oficio por las citadas direcciones provinciales o administraciones como consecuencia de la actuación de la Inspección de Trabajo y Seguridad Social, los efectos de la declaración del alta se retrotraerán a la fecha en que se haya llevado a cabo tal actuación». Pese a que el precepto es poco preciso, la expresión utilizada, se refiere a la fecha en que se lleve a cabo la actuación de la Inspección, es decir a la primera visita de la Inspección a la empresa. (STS n.º 426/2019, de 28 de marzo de 2019, ECLI:ES:TS:2019:1107).

Según el art. 35.2 del Real Decreto 84/1996, de 26 de enero, «la baja del trabajador producirá efectos desde el cese en la prestación de servicios por cuenta ajena, en la actividad por cuenta propia o, en su caso, en la situación determinante de su inclusión en el Régimen de Seguridad Social de que se trate». Cuando la Tesorería General de la Seguridad Social curse la baja de oficio, por conocer el cese en el trabajo, en la actividad o en la situación de que se trate como consecuencia de la actuación de la Inspección de Trabajo y Seguridad Social, por los datos obrantes en la misma o en una entidad gestora o por cualquier otro procedimiento, la obligación de cotizar se extinguirá desde el mismo día en que se haya llevado a cabo dicha actuación inspectora o hayan sido recibidos los datos o documentos que acrediten el cese en el trabajo por cuenta ajena, en la actividad por cuenta propia o en la situación correspondiente (art. 35.2.3.º del Real Decreto 84/1996, de 26 de enero). No obstante, los interesados podrán probar, por cualquier medio de prueba de los admitidos en derecho, que el cese en la actividad tuvo lugar en otra fecha, a efectos de la extinción de la obligación de cotizar.

CUESTIÓN

Si se ha impugnado el acta de infracción o liquidación expedida por la Inspección de Trabajo, ¿la TGSS puede proceder al alta de oficio del trabajador familiar en el RETA?

Sí. La revisión de oficio sobre encuadramiento se lleva a cabo por la TGSS en uso de sus competencias conforme al art. 3 y 54 del RD 84/1996. La interposición del recurso de alzada frente a las actas de infracción levantas por las Inspección de Trabajo y Seguridad Social por hechos como los indicados no es obstáculo para revisión de oficio del alta.

No existe previsión legal sobre la suspensión de las altas practicadas de oficio por la TGSS en tanto se resuelven los expedientes sancionador y de liquidación de cuotas tramitados por la autoridad laboral, o se dicte sentencia firme por la jurisdicción Social en el procedimiento de oficio. (STSJ de Canarias n.º 256/2017, de 29 de mayo de 2017, ECLI:ES:TSJICAN:2017:2431).

5.3. Actuación del Servicio Público de Empleo Estatal

¿Se puede sancionar al trabajador con la extinción de la prestación por desempleo?

No son pocas las resoluciones del SEPE en las que se sanciona con la extinción de la prestación por desempleo, así como el reintegro de las cantidades indebidamente percibidas, ante actuaciones de la ITSS donde se considera que el empresario y su familiar contratado ha actuado fraudulentamente para la obtención de prestaciones por desempleo.

No entraremos a valorar la presunción de certeza que otorga el art. 53.2 del texto refundido de la Ley sobre infracciones y sanciones del orden social (LISOS), a «los hechos constatados por los funcionarios de la Inspección de Trabajo y Seguridad Social que se formalicen en las actas de infracción y de liquidación» y «a los hechos reseñados en informes emitidos consecuentes a comprobaciones efectuadas por la misma», sin perjuicio de la posibilidad de aportar pruebas en contrario, por parte de quien discrepe de tal conclusión fáctica del funcionario actuante. No obstante, dado el alto grado de incidencia sobre la prestación por desempleo del trabajo de familiares resulta obligatorio este apartado.

Con carácter general, si trabajas en una empresa familiar hasta el 2.º grado de parentesco, tus derechos a las prestaciones por desempleo pueden variar dependiendo de varios factores. Estos coinciden con los distintos puntos que hemos ido analizando a lo largo de la obra: si convives con el familiar, si la empresa es una sociedad mercantil o laboral, tu participación en el capital social de la empresa, y tu edad si eres hijo de un trabajador autónomo.

- **No tendrá derecho a percibir las prestaciones por desempleo si existe convivencia con el empresario y no hay evidencia de relación laboral.** Para determinar la existencia de una relación laboral, se considerarán factores como el tiempo de prestación de servicios y de cotización a la Seguridad Social, la modificación del régimen de afiliación, la existencia de un trabajo efectivo, y los antecedentes respecto a la percepción de prestaciones por cese en una relación laboral anterior con el mismo empresario. No existirá derecho a desempleo si la participación en el capital social del familiar con el que convive alcanza, al menos el 50 % del capital social, salvo prueba en contrario.

- **Podrá tener derecho a las prestaciones por desempleo** si no existe convivencia con el familiar o si la empresa es una sociedad mercantil o laboral y no tiene una participación social en la misma.

- **En el caso de hijos/as del autónomo titular menores de 30 años**, no existirá derecho a desempleo dado que no se cotiza por desempleo ni, por lo tanto, existe protección por esta contingencia.

RESOLUCIONES RELEVANTES

STSJ de Andalucía n.º 2458/2018, de 25 de octubre de 2018, ECLI:ES:TSJAND:2018:12673

Entiende que la juzgadora ha infringido los arts. 2.1.º.d) del RD 426/2003, art. 6.4.º del C. Civil y 26.1.º y 3.º, 47.1.º c) y 47.3.º de la LISOS, pues a su parecer el suegro de la actora, sin realidad de prestación servicial, viene firmando a su nuera año por año las precisas jornadas que le permiten acceder a las prestaciones de desempleo, en fraude del sistema público, y sin coincidir con las necesidades de cultivo, debiendo primar las consideraciones y elementos contenidos en las actas de infracción, así como el juego de la prueba de presunciones y prueba indirecta, contenido en la jurisprudencia que invoca, del TS- las de 18 y 24 de enero de 1991 y 14/5/2008, así como la del T. Co. 111/90, y también las de esta Sala de 28/4/2016 y 5/12/2016 y de 2/3/2017, respecto de una hermana de la demandante en aquel proceso, exponiendo el texto de las mismas.

No obstante, el TSJ entiende que la persona trabajadora tiene derecho a percibir la prestación la beneficiaria que ostenta la condición de trabajadora por cuenta ajena, aunque haya realizado trabajos familiares, si no convive con el empleador ni ostenta el control efectivo de la sociedad.

Actuación de los organismos en relación a la prestación por desempleo

|| Actuación de la Inspección de Trabajo

Dado que para el acceso a la prestación por desempleo el trabajador familiar ha debido cotizar en el RGSS por esta prestación —y debió haber sido despedido e indemnizado para encontrarse en situación legal de desempleo—, ante la solicitud de la prestación, es habitual la verificación de la prestación de servicios real por cuenta ajena, de la correspondencia entre las cantidades percibidas y su cotización, de la carta de despido y las causas acreditadas del mismo, del acta de conciliación en caso de existir y del pago efectivo de la indemnización que corresponda.

Si la Inspección de Trabajo considera la connivencia entre el trabajador familiar y titular de la empresa para la obtención indebida de prestaciones por desempleo, sin que concurriera una situación legal de desempleo real del trabajador, nos encontraríamos ante fraude por infracción de los arts. 262.1, 266.c), 267.2.a) y 268 de la Ley General de la Seguridad Social (referidos a la necesidad de la existencia de situación efectiva y legal de desempleo para el derecho a percibir la correspondiente prestación del Sistema de Seguridad Social).

La mencionada infracción está tipificada y calificada como muy grave en el art. 26.3 de la Ley sobre Infracciones y Sanciones en el Orden Social y supondrá, como sanción, la extinción de las prestaciones de acuerdo con el art. 47.1.c) (párrafo segundo) de la LISOS, sin perjuicio del reintegro de las cantidades percibidas indebidamente de acuerdo con el art. 47.3 del mismo texto legal. Asimismo, a los efectos previstos en el art. 23.2 (párrafo segundo) de la LISOS, también es posible que se aprecie la responsabilidad solidaria de devolución de las cantidades indebidamente percibidas por dicho trabajador por parte de la empresa. (STSJ de Castilla la Mancha n.º 341/2023, de 6 de marzo de 2023, ECLI:ES:TSJCLM:2023:721).

Corresponderá a la persona trabajadora presentar un escrito de alegaciones al informe y propuesta de resolución de la Inspección de trabajo. No obstante, con carácter general, mediante resolución, se confirmará la sanción propuesta en el acta y la responsabilidad solidaria del empresario de la devolución de las cantidades, en su caso, indebidamente percibidas por el trabajador.

|| Actuación de la persona trabajadora ante la resolución del SEPE

Si el interesado no está de acuerdo con la resolución de denegación de su solicitud de prestación por desempleo deberá presentar una reclamación administrativa previa ante el Servicio Público de Empleo Estatal en un plazo de treinta días desde que recibió la denegación para recibir la prestación.

Con posterioridad, la demanda habrá de formularse en el plazo de treinta días, a contar desde la fecha en que se notifique la denegación de la reclamación previa o desde el día en que se entienda denegada por silencio administrativo (art. 71.6 de la LRJS).

Junto a las decisiones de la entidad gestora sobre reconocimiento, denegación, suspensión o extinción de cualquiera de las prestaciones por desempleo, el art. 303 de la LGSS establece que son recurribles ante los tribunales laborales por los cauces de este proceso las siguientes resoluciones del SEPE:

- Las relativas a la exigencia de devolución de las prestaciones indebidamente percibidas y al reintegro de las prestaciones de cuyo pago sea directamente responsable el empresario.
- Las relativas al abono de la prestación por desempleo en su modalidad de pago único.
- Las relativas a la imposición de sanciones a los trabajadores por infracciones leves y graves. Debe tenerse en cuenta que las sanciones por faltas muy graves quedan exceptuadas de este procedimiento, siendo impugnables en vía administrativa y agotada ésta, ante el orden jurisdiccional social.

Entre las particularidades de este procedimiento, la más patente es que estos procesos se inician mediante comunicación de la entidad gestora, a la que la Ley confiere consideración de demanda. Dicha comunicación debe de cumplir los requisitos establecidos en el art. 80 de la LRJS para las demandas y hallarse fundamentada en los oportunos expedientes administrativos de otorgamiento de prestaciones de desempleo que sustenten el pretendido carácter fraudulento de los respectivos contratos temporales que se alega.

La iniciación del proceso no conllevará la revisión de las resoluciones de la entidad gestora que en su caso reconocieren el derecho del trabajador a percibir las correspondientes prestaciones de desempleo por finalización de los sucesivos contratos temporales, cuyo carácter fraudulento se denuncia.

En relación con las partes, el demandante es el ente gestor, que asume la consideración de sujeto activo del proceso. Como la demanda implica también al trabajador que ha percibido las prestaciones objeto de litigio, este aparece asimismo como parte activa del proceso, en condición de colitigante.

En lo referente a la prueba, dispone el 147 de la LRJS en su apartado tercero lo siguiente.

«Admitida a trámite la demanda, continuará el procedimiento con arreglo a las normas generales, con las especialidades siguientes:

a. El empresario y el trabajador que hubieran celebrado los reiterados contratos temporales tendrán la consideración de parte en el proceso, si bien no podrán solicitar su suspensión. Aun sin su asistencia, el procedimiento se seguirá de oficio.

b. Las afirmaciones de hechos que se contengan en la comunicación base del proceso harán fe, salvo prueba en contrario, incumbiendo la carga de la prueba al empresario demandado».

Por último, en lo que se refiere a la sentencia, aquella que sea estimatoria de la pretensión de la entidad gestora será inmediatamente ejecutiva. Dicha inmediación supone que a pesar del eventual recurso que pueda interponerse por el empresario, la Administración aseguradora puede exigir el reintegro inmediato por el empresario condenado de las prestaciones y cotizaciones que sean objeto de la condena.

ANEXO I.
CASOS PRÁCTICOS

Caso práctico | Contratación de cónyuge por autónomo societario

PLANTEAMIENTO

1. ¿Un autónomo societario puede contratar a su esposa con un contrato indefinido en el Régimen General de la Seguridad Social o debería darla de alta como autónoma?

2. Si a pesar de las dudas, optamos por darla de alta como autónoma colaboradora del autónomo societarios, ¿tendría derecho a algún tipo de reducción en las cuotas como autónoma colaboradora?

RESPUESTA

1. ¿Un autónomo societario puede contratar a su esposa con un contrato indefinido en el Régimen General de la Seguridad Social o debería darla de alta como autónoma?

Desde el 1 de septiembre de 2023 se ha derogado la bonificación por la contratación de familiares del trabajador autónomo que fijaba la D.A. 7.ª de la Ley 6/2017, de 24 de octubre, de Reformas Urgentes del Trabajo Autónomo.

Esta bonificación (que entró en vigor el 25 de octubre de 2017) sólo fue posible para nuevas altas de familiares trabajadores hasta el 31 de agosto de 2023. No obstante, a pesar de que parecía una gran oportunidad para la contratación de familiares del empresario siempre fue controvertida al entenderse criterios restrictivos por partes de la entidad gestoras en relación a los arts. 12 y 305 de la LGSS y art. 1.3 del Estatuto de los Trabajadores. (BNR n.º 11/2023, 26 de julio de 2023).

Del mismo modo, la derogada posibilidad, habla de trabajadores autónomos, por lo que de inicio ante una inspección se consideraría que **el autónomo societario no entraba en las medidas establecidas**.

En estos casos, la Administración entiende de aplicación lo establecido en el art. 305 de la Ley General de la Seguridad Social. Es decir, la TGSS (siempre de oficio y pudiendo reclamar), considera dentro del campo de aplicación del Régimen Especial de autónomos a los familiares de aquellos autónomos societarios con posean, al menos, la mitad del capital de la sociedad distribuido entre socios, con los que conviva, y a quienes se encuentre unido por vínculo conyugal o de parentesco por consanguinidad, afinidad o adopción, hasta el segundo grado (o se encuentren en algún caso de fijado en el apdo. 2. b) art. 305, LGSS).

Por lo expuesto, en su caso, la recomendación (dada la interpretación restrictiva que realiza la TGSS y los posibles perjuicios derivados de la aplicación indebida de las bonificaciones) sería el **alta en el RETA**.

2. Si a pesar de las dudas, optamos por darla de alta como autónoma colaboradora del autónomo societario, ¿tendría derecho a algún tipo de reducción en las cuotas como autónoma colaboradora?

No existe ningún tipo de precisión en la norma en cuanto al autónomo colaborador y la bonificación en relación a un familiar de autónomo societario (art. 35 de la LETA). En este caso, interpretando el art. 305 de la Ley General de la Seguridad Social (o art. 3.b) del Decreto 2530/1970, de 20 de agosto], la TGSS podría entender la necesidad de alta en el RETA ordinario y no de un autónomo colaborador por tratarse de cónyuge de un socio con control efectivo.

Volvemos a encontrarnos con la necesidad de interpretar la norma ante la falta de concreción de la misma en su aplicación a los autónomos societarios en base a los criterios restrictivos aplicados por la Administración.

Un **autónomo colaborador es un familiar directo del trabajador autónomo titular que trabaja para él,** la norma vuelve a parecer dirigirse en exclusiva a trabajadores autónomos como «personas físicas» al no concretar nada en relación a los autónomos societarios, por lo que la TGSS nuevamente pondrá problemas en caso de inspección.

En su caso la figura de colaborador familiar en relación a un autónomo societario **no es recomendable** ya que la aplicación de incentivos podría verse comprometida en caso de consideración de la mujer del autónomo societario como incluida en el RETA ordinario.

Caso práctico | Posibilidad de formalizar un contrato para la formación con hijo de autónomo societario

PLANTEAMIENTO

Sociedad limitada unipersonal. La socia única y administradora quiere contratar a un hijo que está cursando estudios (no ha terminado) por un período de 2 meses.

¿En qué régimen de la Seguridad Social debe darlo de alta? ¿Se trata de un autónomo colaborador? ¿Podría realizar un contrato formativo en alternancia?

RESPUESTA

En el caso de familiares de los autónomos societarios la figura de autónomo colaborador siempre presenta dudas.

De existir control efectivo de la sociedad por parte del autónomo societario —cuando al menos la mitad del capital de la sociedad para la que preste sus servicios esté distribuida entre socios, con los que el trabajador conviva, y a quienes se encuentre unido por vínculo conyugal o de parentesco, por consanguinidad, afinidad o adopción, hasta el segundo grado— **procederá el alta en el RETA como trabajador autónomo ordinario al entenderse el control efectivo de la sociedad por la convivencia.**

En caso contrario —falta de control efectivo por la persona trabajadora, falta de convivencia o dependencia, sujeción horario, jornada, condiciones de convenio, existencia de nómina (...)—, **el trabajador quedaría encuadrado en el RGSS como trabajador por cuenta ajena y podría formalizar un contrato formativo.**

Respecto a la posibilidad de acceder a las bonificaciones, el art. 6.1.b) de la Ley 43/2006, de 29 de diciembre, establece ciertas exclusiones para las contrataciones que afecten al cónyuge, ascendientes, descendientes y demás parientes por consanguinidad o afinidad que ostenten cargos de dirección o sean miembros de los órganos de administración de las entidades o de las empresas que revistan la forma jurídica de sociedad. Esta exclusión únicamente deja de aplicarse «(...) cuando el empleador sea un trabajador autónomo que contrate como trabajador por cuenta ajena a los **hijos menores de treinta años, tanto si conviven o no con él, o cuando se trate de un trabajador autónomo sin asalariados, y contrate a un solo familiar menor de cuarenta y cinco años, que no conviva en su hogar ni esté a su cargo».**

Caso práctico | Familiar colaborador y contratación por cuenta ajena ¿es posible?

PLANTEAMIENTO

La figura del autónomo familiar colaborador, ¿es incompatible con que el familiar colaborador se encuentre contratado por cuenta ajena a media jornada?

RESPUESTA

Los asalariados no pueden formalizar una prestación de servicios como familiares colaboradores. Quedarían excluidos de la posibilidad de darse de alta como autónomos colaboradores todos aquellos familiares que ya estuviesen dados de alta en la Seguridad Social como trabajadores por cuenta ajena.

La inexistencia de una normativa reguladora del autónomo colaborador clara y específica implica ciertas lagunas en el concepto sobre las que siempre se plantean dudas cubiertas por el art. 12 de la LGSS y art. 1. de la LETA y D.A. 10.ª y art. 35 de la LETA.

- **Necesidad de convivencia estar a cargo:** a pesar de que la redacción del actual art. 35 de la LETA, no establece la necesidad de que el familiar colaborador conviva y esté al cargo del titular del negocio; el requisito en base al art. 12 de la LGSS —y ante el vacío normativo de convivencia y dependencia— debemos entender que continúa siendo aplicable.

- **Ausencia de alta como trabajadores por cuenta ajena:** para que exista la posibilidad de contratar bajo la figura de autónomo colaborador el familiar no debe de estar dado de alta como trabajador por cuenta ajena, es decir, no debe cotizar en el régimen general de la seguridad social. En este caso la prohibición aparece reflejada en el art. 1 de la LETA, donde se especifica: «También será de aplicación esta Ley a los trabajos, realizados de forma habitual, **por familiares de las personas** definidas en el párrafo anterior **que no tengan la condición de trabajadores por cuenta ajena,** conforme a lo establecido en el artículo 1.3.e) del texto refundido de la Ley del Estatuto de los Trabajadores».

Caso práctico | Contratación de familiares por parte del trabajador autónomo, ¿qué posibilidades existen?

PLANTEAMIENTO

Ante la contratación por parte de un trabajador autónomo de su hijo.

1. ¿Qué consideración y posibilidades han de tenerse en cuenta a la hora del alta en la Seguridad Social?

2. ¿Resultan aplicables las mismas premisas para la contratación de un ascendiente (padre o madre) o el cónyuge del autónomo titular?

RESPUESTA

1. Las diversas posibilidades a la hora de que un trabajador autónomo contrate a hijos, cónyuge, u otros familiares, pasan por dos posibilidades:

- **Encuadramiento dentro del Régimen General de la Seguridad Social (RGSS).** El hijo o familiar debe realizar un trabajo que pueda demostrarse por **cuenta ajena** (es decir, que la ajenidad se aprecie respecto al empresario) y sin que exista una convivencia (económica) entre él, como empresario, y su hijo o familiar, como trabajador.

- **Encuadramiento como autónomo.** En caso contrario al anterior (convivencia y falta de ajenidad) el familiar ha de considerarse **trabajador autónomo o autónomo colaborador.**

De inicio la TGSS —o la Inspección de Trabajo— presumirán que estos familiares no son trabajadores por cuenta ajena. Por tanto, si no podemos demostrar que la relación laboral es igual que la del resto de trabajadores (cumplir horario de trabajo, percibir salario, existencia de nóminas, etc.), los familiares deberán incluirse en el RETA con las consecuencias que ello implica.

Resumiendo lo tratado a lo largo de la obra:

Como norma general, **cuando no se cumplan los requisitos de ajenidad y dependencia**, la contratación de familiares directos del autónomo principal, será como autónomo colaborador:

Cónyuge, descendientes, ascendientes y demás parientes del empresario, por consanguinidad o afinidad hasta el segundo grado inclusive y, en su caso, por adopción	Convivan en el hogar y estén a cargo del autónomo principal.	Autónomo colaborador
	No se trate de una colaboración puntual.	
	Estén ocupados en su centro o centros de trabajo de forma habitual.	
	No estén dados de alta como trabajadores por cuenta ajena.	

Como excepción a lo anterior, el autónomo podrá contratar a un hijo/a como trabajador por cuenta ajena cotizando en el RGSS, cuando:

	SIN DERECHO A PRESTACIÓN POR DESEMPLEO		
• Sea menor de 30 años. • Sea mayor o menor de 30 años, pero tenga algún problema de discapacidad, que le impida acceder al mercado laboral.	CON DERECHO A PRESTACIÓN POR DESEMPLEO	Cuando pueda demostrarse: a) La independencia económica y ausencia de convivencia con el autónomo titular. b) Que cumple el horario de trabajo, percibe salario mediante nóminas, etc.	Trabajador por cuenta ajena.

2. Sí, en caso de la **contratación de un ascendiente (padre/madre)** las posibilidades son idénticas que para un descendiente (hijo)

En caso de la **contratación de un ascendiente (padre/madre)** las posibilidades son idénticas que para un descendiente (hijo). Se cotizaría al RGSS de cumplir los mismos requisitos ya expuestos (art. 40 del Real Decreto 84/1996 de 26 de enero), o como autónomo colaborador en caso contrario.

Para estos supuestos se recomienda hacer una declaración donde quede acreditado el tipo de contrato, la categoría profesional, el centro de trabajo donde se presta servicios, el salario, la independencia económica y la existencia de una unidad familiar distinta a la del empleador.

En los casos del cónyuge del titular la única opción posible sería la de autónomo colaborador.

Caso práctico | Bonificación por contratación de un hermano no conviviente con discapacidad

PLANTEAMIENTO

Respecto a la posible contratación bonificada de un hermano no conviviente con discapacidad.

El trabajador autónomo tiene dos cuentas de cotización una para instalaciones y otra para ferretería, en la cuenta de cotización para instalaciones tiene dos trabajadores y en la cuenta de cotización de la ferretería no tiene ningún trabajador.

Se plantea contratar a su hermano discapacitado para la ferretera.

En la Ley 43/2006 aparece que no está excluido de la bonificación si el trabajador autónomo no tiene personal asalariado.

¿Podría aplicarse la bonificación porque en esa cuenta de cotización no tiene trabajadores? ¿Hay que considerar todas las cuentas de cotización y no sería posible bonificar el contrato?

RESPUESTA

La bonificación se podrá realizar puesto que esta se aplica sobre un determinado código de cuenta de cotización y no sobre el CIF de la empresa. Así, la presentación de la correspondiente liquidación de cuotas mensual refleja la situación de cada CCC, independiente uno de otro aunque la empresa conste como la misma. No obstante, en última instancia, **dependerá del criterio aplicado por la administración.**

El vigente Programa de fomento del empleo se dirige fundamentalmente a impulsar la utilización de la contratación indefinida inicial por parte de las empresas. Cada posible medida de fomento de empleo concretará sus límites y restricciones para el acceso, no obstante, con carácter general, siguiendo el art. 6 de la Ley 43/2006, de 29 de diciembre y el art. 11 del Real Decreto-ley 1/2023, de 10 de enero (vigente desde el 01/09/2023), las bonificaciones no se aplicarán en distintos supuestos, pero bien es cierto que también fija excepciones que no entrarían dentro de dichas exclusiones. A continuación se detalla lo que la normativa refiere en este aspecto.

El art. 6, «Exclusiones», de la Ley 43/2006, de 29 de diciembre, indica que los incentivos a la contratación no se aplicarán en los siguientes supuestos:

a) Relaciones laborales de carácter especial previstas en el art. 2 del Estatuto de los Trabajadores, u otras disposiciones legales, con la excepción de la relación laboral de trabajadores con discapacidad en Centro Especial de Empleo.

b) Contrataciones que afecten al cónyuge, ascendientes, descendientes y demás parientes por consanguinidad o afinidad, hasta el segundo grado inclusive, del empresario o de quienes tengan el control empresarial, ostenten cargos de dirección o sean miembros de los órganos de administración de las entidades o de las empresas que revistan la forma jurídica de sociedad, así como las que se produzcan con estos últimos.

Con respecto al último punto, la normativa establece una excepcionalidad que se concreta en el art. 6, punto 1.b y que indica lo siguiente:

«No será de aplicación esta exclusión cuando el empleador sea un trabajador autónomo que contrate como trabajador por cuenta ajena a los hijos menores de treinta años, tanto si conviven o no con él, o cuando se trate de un trabajador autónomo sin asalariados, y contrate a un solo familiar menor de cuarenta y cinco años, que no conviva en su hogar ni esté a su cargo».

El art. 11, «Exclusiones», del Real Decreto-ley 1/2023, de 10 de enero, indica que los incentivos a la contratación no se aplicarán en los siguientes supuestos:

«1. Los incentivos a la contratación previstos en este real decreto-ley, cualquiera que sea la forma que adopten, no se aplicarán en los siguientes supuestos:
a) Relaciones laborales de carácter especial previstas en el artículo 2 del texto refundido de la Ley del Estatuto de los Trabajadores u otras disposiciones legales, con la excepción de la relación laboral de personas trabajadoras con discapacidad en centros especiales de empleo y la del servicio del hogar familiar, respecto de los beneficios previstos legalmente, así como la de las personas penadas en las instituciones penitenciarias y las personas menores incluidos en el ámbito de aplicación de la Ley Orgánica 5/2000, de 12 de enero, reguladora de la responsabilidad penal de los menores, en los términos señalados en la disposición transitoria segunda».

Con respecto a este punto, la normativa establece cierta excepcionalidad en su artículo 11.2 y 3 y concreta la normativa aplicable en su D.A. 5.ª:

«2. Cuando se trate de contrataciones con personas trabajadoras con discapacidad, sólo les serán de aplicación las exclusiones del apartado 1.c), si el contrato previo hubiera sido por tiempo indefinido, y del apartado 1.d)».
No obstante, la exclusión establecida en el apartado 1.d) no será de aplicación en el supuesto de contratación de personas trabajadoras con discapacidad procedentes de centros especiales de empleo, tanto en lo que se refiere a su incorporación a una empresa ordinaria, como en su posible retorno al centro especial de empleo de procedencia o a otro centro especial de empleo. Tampoco será de aplicación dicha exclusión en el supuesto de incorporación a una empresa ordinaria de personas trabajadoras con discapacidad en el marco del programa de empleo con apoyo.
«3. En todo caso, las exclusiones citadas en el apartado anterior no se aplicarán si se trata de personas trabajadoras con discapacidad que presentan mayores dificultades de acceso al mercado de trabajo. A efectos de esta norma, se considerarán como tales a las personas incluidas en alguno de los grupos señalados en el artículo 6.c)».

La D.A. 5.ª del Real Decreto-ley 1/2023, de 10 de enero, también especifica aspectos relevantes sobre la contratación de personas con discapacidad.

«1. La contratación de personas con discapacidad dará derecho a las bonificaciones en la cotización establecidas en los apartados 2 y 3 del artículo 2 de la Ley 43/2006, de 29 de diciembre, para la mejora del crecimiento y del empleo, así como en el artículo 1 del Real Decreto-ley 18/2011, de 18 de noviembre, por el que se regulan las bonificaciones de cuotas a la Seguridad Social de los contratos de trabajo celebrados con personas con discapacidad por la Organización Nacional de Ciegos Españoles (ONCE) y se establecen medidas de Seguridad Social para las personas trabajadoras afectadas por la crisis de la bacteria "E.coli".

Respecto de los contratos formativos celebrados con personas trabajadoras con discapacidad, será igualmente aplicable la bonificación prevista en la disposición adicional vigésima del texto refundido de la Ley del Estatuto de los Trabajadores.

Asimismo, seguirá resultando aplicable lo previsto en la disposición adicional primera de Ley 43/2006, de 29 de diciembre, para la mejora del crecimiento y del empleo.

2. También será de aplicación a la contratación de personas con discapacidad lo establecido en los artículos 5 a 9 de la citada Ley 43/2006, de 29 de diciembre, referidos a los requisitos de los beneficiarios, las exclusiones, la concurrencia, cuantía máxima e incompatibilidad de las bonificaciones, el mantenimiento de bonificaciones y el reintegro de los beneficios, respectivamente.

3. En lo no previsto en los apartados anteriores, serán de aplicación supletoria las disposiciones generales contenidas en el capítulo I, así como las normas comunes a las bonificaciones en la cotización previstas en la sección 3.ª del capítulo II.

4. El Gobierno, en el marco de las conclusiones del Libro Blanco de Empleo y Discapacidad, y tras mantener el oportuno proceso de consultas con las organizaciones sindicales y empresariales más representativas y el sector social representativo de la discapacidad, desarrollará las iniciativas legislativas oportunas para ordenar e impulsar los programas de empleo en favor de las personas con discapacidad».

Caso práctico | Contratación de familiar en el Régimen Especial de Empleados de hogar: ¿puedo contratar a un familiar para realizar tareas domésticas?

PLANTEAMIENTO

¿Cuándo un familiar presta servicios domésticos ha de encuadrarse dentro del Régimen Especial de Empleados de hogar?

RESPUESTA

Salvo que se demuestre la condición de asalariado, las relaciones concertadas entre familiares para la prestación de servicios domésticos quedarán fuera del régimen especial de empleados de hogar.

Se considerarán familiares, a estos efectos, siempre que convivan con el empresario, el cónyuge, los descendientes, ascendientes y demás parientes por consanguinidad o afinidad, hasta el segundo grado inclusive y, en su caso, por adopción [art. 1.3.e) del ET].

El Real Decreto 1620/2011, de 14 de noviembre, por el que se regula la relación laboral de carácter especial del servicio del hogar familiar, en su artículo 2, establece las **exclusiones** en el ámbito de esta relación laboral especial, haciendo especial referencia a:

a) Las relaciones concertadas por personas jurídicas, de carácter civil o mercantil, aun si su objeto es la prestación de servicios o tareas domésticas, que se regirán por la normativa laboral común.

b) Las relaciones concertadas a través de empresas de trabajo temporal, de acuerdo con lo establecido en la Ley 14/1994, de 1 de junio, por la que se regulan las empresas de trabajo temporal.

c) Las relaciones de los cuidadores profesionales contratados por instituciones públicas o por entidades privadas, de acuerdo con la Ley 39/2006, 14 de diciembre, de promoción de la autonomía personal y atención a las personas en situación de dependencia.

d) Las relaciones de los cuidadores no profesionales consistentes en la atención prestada a personas en situación de dependencia en su domicilio, por personas de la familia o de su entorno, no vinculadas a un servicio de atención profesionalizada, de acuerdo con la Ley 39/2006, 14 de diciembre, de promoción de la autonomía personal y atención a las personas en situación de dependencia.

e) Las relaciones concertadas entre familiares para la prestación de servicios domésticos cuando quien preste los servicios no tenga la condición de asalariado, salvo que se demuestre la condición de asalariados de quienes los llevan a cabo. Se considerarán familiares, a estos efectos, siempre que convivan con el empresario, el cónyuge, los descendientes, ascendientes y demás parientes por consanguinidad o afinidad, hasta el segundo grado inclusive y, en su caso, por adopción [art. 1.3.e) del ET].

f) Los trabajos realizados a título de amistad, benevolencia o buena vecindad.

No se entenderán comprendidas en el ámbito de esta relación laboral de carácter especial, salvo prueba en contrario que acredite su naturaleza laboral, las relaciones de colaboración y convivencia familiar, como las denominadas «a la par», mediante las que se prestan algunos servicios como cuidados de niños, la enseñanza de idiomas u otros aún dentro servicios o actividades prestados para el hogar familiar siempre y cuando estos últimos tengan carácter marginal, a cambio de comidas, alojamiento o simples compensaciones de gastos.

Se presumirá la existencia de una única relación laboral de carácter común y, por tanto, no incluida en el ámbito de esta relación laboral de carácter especial, la relación del titular de un hogar familiar con un trabajador que, además de prestar servicios domésticos en aquél, deba realizar, con cualquier periodicidad, otros servicios ajenos al hogar familiar en actividades o empresas de cualquier carácter del empleador. Dicha presunción se entenderá salvo prueba en contrario mediante la que se acredite que la realización de estos servicios no domésticos tiene un carácter marginal o esporádico con respecto al servicio puramente doméstico.

La norma señala que quedan excluidas del ámbito de aplicación de la misma las relaciones concertadas entre familiares para la prestación de servicios domésticos cuando quien preste los servicios no tenga la condición de asalariado en los términos del artículo 1.3 e) del Estatuto de los Trabajadores. Por tanto debe distinguirse:

Si la persona que realiza el trabajo es un familiar que convive en el domicilio del empleador y es su cónyuge o pareja de hecho o bien está emparentado con el empleador por relación de consanguinidad o afinidad hasta el segundo grado (hijos, padres, nietos y abuelos, así como los cónyuges de estos) no puede existir relación laboral entre los mismos y tampoco puede haber relación laboral al servicio del hogar familiar.

Si el familiar no se encuentra en alguno de los supuestos del párrafo anterior, es decir, tiene una relación de parentesco, pero más lejana que las establecidas y, además, percibe un salario por el trabajo que realiza, entonces sí que existirá relación laboral al servicio del hogar familiar.

En este sentido puede consultarse: **STSJ de Castilla y León, rec. 7/2023, de 10 de noviembre del 2023, ECLIES:TSJCL:2023:4435.**

ANEXO II.
FORMULARIOS

Formulario de recurso de alzada contra la Resolución de la TGSS por la que se formaliza de oficio el alta en el RETA de un familiar de consejero o administrador societario que presta servicios en la empresa

A LA DIRECCIÓN PROVINCIAL DE LA TESORERÍA GENERAL DE LA SEGURIDAD SOCIAL DE [PROVINCIA]

NÚMERO DE EXPEDIENTE / REFERENCIA [NÚMERO]

En [LUGAR] a [DÍA] de [MES] de [AÑO].

D./D.ª [NOMBRE_ABOGADO_CLIENTE] **(1)**, Abogado/a, en representación de D./ D.ª [NOMBRE_CLIENTE], de conformidad al art. 5 de la Ley 39/2015, de 1 de octubre, del Procedimiento Administrativo Común de las Administraciones Públicas, según acredito mediante poder que adjunto, con Documento Nacional de Identidad n.º [DNI], con domicilio a efectos de notificación en [DOMICILIO_CLIENTE] **(2)**, provincia de [PROVINCIA], Localidad [LOCALIDAD], comparezco en el expediente administrativo n.º [NÚMERO], interponiendo Recurso de alzada contra la Resolución de la Tesorería General de la Seguridad Social de fecha [FECHA] por la que se formaliza de oficio el alta en el RETA de D./D.ª [NOMBRE_CLIENTE] con fecha de efectos de [FECHA] sobre los siguientes

HECHOS (3)

PRIMERO.- En fecha [FECHA] la Inspección Provincial de Trabajo y Seguridad Social de [PROVINCIA], levantó acta núm. [NÚMERO] reflejando que D./D.ª [NOMBRE_ CLIENTE], en su condición de [ESPECIFICAR] **(5)** y poseedor de un porcentaje del [PORCENTAJE] % de capital social debía darse de alta obligatoriamente con efectos de [FECHA] en el Régimen Especial de Trabajadores Autónomos.

SEGUNDO.- En la citada acta de la ITSS se instaba su alta de oficio en el RETA desde la fecha [FECHA] a [FECHA], levantando actas de liquidación de cuotas núm. [NÚMERO] a [NÚMERO] y proponiendo acta de infracción n.º [NÚMERO].

TERCERO.- Por resolución de fecha [FECHA] se comunica al actor que con motivo de la citada actuación de la Inspección Provincial de Trabajo y Seguridad Social se ha procedido a tramitar de oficio su alta y baja en el Régimen Especial de Trabajadores Autónomos de la Seguridad Social, por el periodo comprendido entre el [FECHA] a [FECHA], con fecha de efectos de [FECHA].

CUARTO.- Considerando dicha resolución no ajustada a derecho y lesiva para sus intereses, dentro del plazo legalmente establecido, procedo a interponer **RECURSO DE ALZADA** basado en los siguientes

FUNDAMENTOS JURÍDICOS (4)

I.- De conformidad con lo dispuesto en los arts. 1 y 2 de la Ley 20/2007, de 11 de julio, del Estatuto del Trabajo Autónomo, estarán obligatoriamente incluidos en el Régimen Especial de la Seguridad Social de los trabajadores por cuenta propia o autónomos (RETA), las personas físicas que realicen de forma habitual, personal, directa, por cuenta propia y fuera del ámbito de dirección y organización de otra persona, una actividad económica o profesional a título lucrativo, den o no ocupación a trabajadores por cuenta ajena. Añade el mencionado precepto que se declaran expresamente comprendidos en el ámbito de aplicación de esa Ley, siempre que cumplan los requisitos a los que se refiere el apartado anterior: «Quienes ejerzan las funciones de dirección y gerencia que conlleva el desempeño del cargo de consejero o administrador, o presten otros servicios para una sociedad mercantil capitalista, a título lucrativo y de forma habitual, personal y directa, cuando posean el control efectivo, directo o indirecto de aquélla, en los términos previstos en la disposición adicional vigésima séptima del texto refundido de la Ley General de la Seguridad Social aprobado por Real Decreto Legislativo 1/1994, de 20 de junio (actualmente Real Decreto Legislativo 8/2015, de 30 de octubre)».

II.- De conformidad con lo dispuesto en los arts. 305 y 306 del Real Decreto Legislativo 8/2015, de 30 de octubre, por el que se aprueba el texto refundido de la Ley General de la Seguridad Social, estarán obligatoriamente incluidas en el campo de aplicación del Régimen Especial de la Seguridad Social de los Trabajadores por Cuenta Propia o Autónomos las personas físicas mayores de dieciocho años que realicen de forma habitual, personal, directa, por cuenta propia y fuera del ámbito de dirección y organización de otra persona, una actividad económica o profesional a título lucrativo, den o no ocupación a trabajadores por cuenta ajena, en los términos y condiciones que se determinen en esta ley y en sus normas de aplicación y desarrollo. A los efectos de esta ley se declaran expresamente comprendidos en este régimen especial «Quienes ejerzan las funciones de dirección y gerencia que conlleva el desempeño del cargo de consejero o administrador, o presten otros servicios para una sociedad de capital, a título lucrativo y de forma habitual, personal y directa, siempre que posean el control efectivo, directo o indirecto, de aquella. Se entenderá, en todo caso, que se produce tal circunstancia, cuando las acciones o participaciones del trabajador supongan, al menos, la mitad del capital social». Presumiéndose, salvo prueba en contrario, que el trabajador posee el control efectivo de la sociedad cuando concurra alguna de las siguientes circunstancias:

> «1.º Que, al menos, la mitad del capital de la sociedad para la que preste sus servicios esté distribuido entre socios con los que conviva y a quienes se encuentre unido por vínculo conyugal o de parentesco por consanguinidad, afinidad o adopción, hasta el segundo grado.
> 2.º Que su participación en el capital social sea igual o superior a la tercera parte del mismo.
> 3.º Que su participación en el capital social sea igual o superior a la cuarta parte del mismo, si tiene atribuidas funciones de dirección y gerencia de la sociedad».

Correspondiendo a la Administración el deber de demostrar que el trabajador dispone del control efectivo de la sociedad cuando no concurran las circunstancias anteriores.

III.- Tal y como consta en el relato de los hechos, y así se acreditó ante la Administración de la Seguridad Social, con la aportación de la documentación requerida, si bien es cierto que mi mandante, posee un porcentaje de la mercantil del [PORCENTAJE] %, en concurrencia con el porcentaje de su [ESPECIFICAR] **(5)** del [PORCENTAJE] %, lo que implica una presunción de control de la sociedad, ésta no existe dado que: [ESPECIFICAR SEGÚN PROCEDA EN EL CASO].

- La actividad de administrador/a de modo efectivo la realiza su [ESPECIFICAR] **(5)**, quien efectivamente figura de dada de alta en el RETA como administrador (solidario/único/..) a efectos legales.

- A pesar de la existencia de un vínculo [ESPECIFICAR] **(6)** no existe convivencia entre mi mandante y D./D.ª [NOMBRE] administrador/a de la sociedad, como se acredita mediante [ESPECIFICAR].

- Mi mandante viene prestando servicios en la mercantil sujeto a un contrato de [ESPECIFICAR], bajo el grupo profesional de [GRUPO_PROFESIONAL], cumpliendo de igual forma que sus compañeros con horarios, funciones asignadas y la condición de trabajador por cuenta ajena.

- [ESPECIFICAR].

Por todo ello,

SUPLICO:

Que de conformidad con lo dispuesto en los artículos 121 y 122 de la Ley 39/2015, de 1 de octubre, del Procedimiento Administrativo Común de las Administraciones Públicas, se tenga por formulado contra el citado acto administrativo y, con estimación del mismo, se dicte resolución por la que se acuerde revocar la Resolución de la Tesorería General de Seguridad Social de fecha [FECHA] por la que se formaliza de oficio el alta en RETA de D./D.ª [NOMBRE_CLIENTE] con efectos de [FECHA] por ser contraria al ordenamiento jurídico.

En [LUGAR] a [DÍA] de [MES] de [AÑO].

El recurrente	El/la representante
[FIRMA_RECURRENTE]	[FIRMA_REPRESENTANTE]

---

(1) En caso de actuarse por medio de representante, deberán cumplimentarse los datos del recurrente y de la persona o entidad que actúa como representante. Para interponer recursos, debe acreditarse la representación de conformidad a lo establecido en el art. 5 de la Ley 39/2015, de 1 de octubre, del Procedimiento Administrativo Común de las Administraciones Públicas.

(2) Si desea que las notificaciones que se produzcan en relación con el recurso se dirijan a un lugar distinto del domicilio del recurrente o de su representante, debe hacerlo constar expresamente.

(3) Deberá hacer constar los datos que permitan identificar el acto administrativo contra el que recurre, mediante la cumplimentación de todos los datos que se solicitan o el mayor número de ellos, en caso de desconocerse alguno. Para facilitar la identificación del acto administrativo es recomendable adjuntar fotocopia del mismo.

(4) Deberá indicar las alegaciones y fundamentos de derecho en las que sustenta el recurso que formula, ya sean cuestiones de hecho como de derecho.

(5) Especificar relación familiar. A modo de ejemplo: «hijo», «padre», «madre», etc.

(6) Especificar según proceda. A modo de ejemplo: «conyugal», «parentesco por consanguinidad hasta el segundo grado», «parentesco por afinidad hasta el segundo grado», «parentesco por adopción hasta el segundo grado».

Modelo de certificado emitido por empresa especificando la jornada de autónomo colaborador

D./D.ª ([NOMBRE_AUTÓNOMO_TITULAR]

DNI [NÚMERO])

Tfno. [NÚMERO]

E-mail [CORREO]

En [LOCALIDAD], a [FECHA].

D./D.ª [NOMBRE], con DNI [NÚMERO], **REPRESENTANTE (AUTÓNOMO TITULAR) de la empresa en el encabezado indicada, CERTIFICA:**

Que D./D.ª [NOMBRE] **(1)** está prestando servicios como autónomo/a colaborador/a en la mercantil que represento desde el pasado día [FECHA], realizando la actividad de [DESCRIPCIÓN], mediante la jornada de [NÚMERO] horas (diarias/semanales/anuales) de [DÍA] a [DÍA], en el centro de trabajo que la empresa tiene en [LUGAR_CENTRO_TRABAJO], sujeto/a al horario que a continuación se detalla:

– [DESCRIPCIÓN].

– [DESCRIPCIÓN].

Y para que así conste firmo el siguiente documento en lugar y fecha indicados.

[SELLO_Y_FIRMA]
D./D.ª [NOMBRE]

---

(1) Nombre y apellidos de la persona trabajadora.

Reclamación administrativa previa para la impugnación de alta de oficio como trabajador autónomo de un familiar del empresario

A LA TESORERÍA GENERAL DE LA SEGURIDAD SOCIAL
DELEGACIÓN PROVINCIAL DE [PROVINCIA]

D./D.ª [NOMBRE_PERSONA_TRABAJADORA] con DNI [DNI], número de afiliación a la Seguridad Social [NÚM_SEG_SOCIAL_TRABAJADOR] y con domicilio en la Calle [CALLE] de [LOCALIDAD], por medio del presente escrito interpone **RECLAMACIÓN PREVIA A LA VÍA JURISDICCIONAL SOCIAL** frente a la resolución del [ÓRGANO] de [PROVINCIA] de fecha [FECHA] por la que se acuerda alta de oficio en el Régimen Especial de Trabajadores Autónomos.

Se basa mi pretensión en los siguientes

HECHOS

PRIMERO. D./D.ª [NOMBRE_PERSONA_TRABAJADORA], mayor de edad, es [INDICAR PARENTESCO] de D./D.ª [NOMBRE_PERSONA_EMPLEADORA] titular de la empresa [NOMBRE_EMPRESA] — CIF [NÚMERO] y cuenta de cotización n.º [NÚMERO]— para la que viene prestando servicios mediante un contrato laboral [TIPO] desde el pasado [FECHA] con la categoría profesional de [CATEGORÍA PROFESIONAL] sujeto a las condiciones pactadas en el [CONVENIO_COLECTIVO_APLICABLE].

Mi [INDICAR PARENTESCO] me abonaba un salario mensual de [CANTIDAD] euros mediante transferencia bancaria y me entregaba las nóminas correspondientes.

Del mismo modo, al igual que mis compañeros en la empresa, mi jornada laboral se registraba diariamente en documento de control horario.

Como pruebas de la realización de trabajo por cuenta ajena, de la percepción de retribución y de la realización de un horario se aportan [ESPECIFICAR]. **(1)**

SEGUNDO. Durante la prestación de servicios he convivido (o no) con mi [INDICAR PARENTESCO].

Lo que acredito mediante [DESCRIPCIÓN] como doc. núm. 2. **(2)**

TERCERO. Por resolución de fecha [DÍA] de [MES] de [AÑO], la Tesorería General de la Seguridad Social, acordó la inclusión de oficio del demandante dentro del Régimen Especial de Trabajadores Autónomos en base a [ESPECIFICAR]. **(3)**

CUARTO. Hasta ese momento, como persona trabajadora, venía desarrollando mi actividad para la empresa [NOMBRE_EMPRESA], en virtud de un contrato de [ESPECIFICAR] de carácter indefinido, desempeñando las funciones inherentes a la categoría profesional de [CATEGORÍA PROFESIONAL] en el centro de trabajo que la empresa tiene en la localidad de [LOCALIDAD] y adscrito a la sección de [ESPECIFICAR].

QUINTO. Con independencia de la relación familiar existente con el titular de la empresa [NOMBRE_EMPRESA], la prestación de servicios descrita supone que reúno todos los requisitos para ser incluido dentro del Régimen General de la Seguridad Social, como trabajador por cuenta ajena.

Para determinar si existe relación laboral por cuenta ajena, no existiendo criterios genéricamente válidos, debe analizarse si existe o no relación laboral dependiente en base a las circunstancias de cada supuesto acerca del grado de parentesco, la participación en el capital social, los cargos societarios, la convivencia en el domicilio, la prueba de una real retribución, salario u horarios. Todo ello ha de ser tenido en cuenta y valorado. **(4)**

A estos hechos son de aplicación los siguientes

FUNDAMENTOS JURÍDICOS

I.- El art. 1.3 e) del ET excluye de su ámbito: «Los trabajos familiares, **salvo que se demuestre la condición de asalariados** de quienes los llevan a cabo. Se considerarán familiares, a estos efectos, siempre que convivan con el empresario, el cónyuge, los descendientes, ascendientes y demás parientes por consanguinidad o afinidad, hasta el segundo grado inclusive y, en su caso, por adopción».

II.- El art. 12.1 del Real Decreto Legislativo 8/2015, de 30 de octubre, por el que se aprueba el texto refundido de la Ley General de la Seguridad Social (LGSS) establece: «A efectos de lo dispuesto en el artículo 7.1 (el campo de aplicación del Sistema de la Seguridad Social), no tendrán la consideración de trabajadores por cuenta ajena, **salvo prueba en contrario**: el cónyuge, los descendientes, ascendientes y demás parientes del empresario, por consanguinidad o afinidad hasta el segundo grado inclusive y, en su caso, por adopción, ocupados en su centro o centros de trabajo, cuando convivan en su hogar y estén a su cargo».

III.- De conformidad con lo dispuesto en los **arts. 1 y 2 de la Ley 20/2007, de 11 de julio, del Estatuto del trabajo autónomo,** estarán obligatoriamente incluidos en el Régimen Especial de la Seguridad Social de los trabajadores por cuenta propia o autónomos (RETA), las personas físicas que realicen de forma habitual, personal, directa, **por cuenta propia y fuera del ámbito de dirección y organización de otra persona**, una actividad económica o profesional a título lucrativo, den o no ocupación a trabajadores por cuenta ajena.

IV.- De conformidad con lo dispuesto en los arts. 305 y 306 del Real Decreto Legislativo 8/2015, de 30 de octubre, por el que se aprueba el texto refundido de la Ley General de la Seguridad Social, estarán obligatoriamente incluidas en el campo de aplicación del Régimen Especial de la Seguridad Social de los Trabajadores por Cuenta Propia o Autónomos las personas físicas mayores de dieciocho años que realicen de forma habitual, personal, directa, **por cuenta propia y fuera del ámbito de dirección y organización de otra persona**, una actividad económica o profesional a título lucrativo, den o no ocupación a trabajadores por cuenta ajena, en los términos y condiciones que se determinen en esta ley y en sus normas de aplicación y desarrollo. A los efectos de esta ley se declaran expresamente comprendidos en este régimen especial; «Quienes ejerzan las funciones de dirección y gerencia que conlleva el desempeño del cargo de consejero o administrador, o presten otros servicios para una sociedad de capital, a título lucrativo y de forma habitual, personal y directa, siempre que posean el control efectivo, directo o indirecto, de aquella. Se entenderá, en todo caso, que se produce tal circunstancia, cuando las acciones o participaciones del trabajador supongan, al menos, la mitad del capital social». Presumiéndose, salvo prueba en contrario, que el trabajador posee el control efectivo de la sociedad cuando concurra alguna de las siguientes circunstancias:

1.º Que, al menos, la mitad del capital de la sociedad para la que preste sus servicios esté distribuido entre socios con los que conviva y a quienes se encuentre unido por vínculo conyugal o de parentesco por consanguinidad, afinidad o adopción, hasta el segundo grado.

2.º Que su participación en el capital social sea igual o superior a la tercera parte de este.

3.º Que su participación en el capital social sea igual o superior a la cuarta parte del mismo, si tiene atribuidas funciones de dirección y gerencia de la sociedad.

Correspondiendo a la Administración el deber de demostrar que el trabajador dispone del control efectivo de la sociedad cuando no concurran las circunstancias anteriores.

V.- El Capítulo III del Título I del Real Decreto 84/1996, de 26 de enero, por el que se aprueba el Reglamento General sobre inscripción de empresas y afiliación, altas, bajas y variaciones de datos de trabajadores en la Seguridad Social, artículos 21 al 28, reguladores de las normas generales sobre: número de la seguridad Social, documento de identificación y afiliación de los trabajadores.

VI.- La **sentencia del Tribunal Supremo, rec. 1628/2011 de 13 de junio de 2012,** compendia la doctrina jurisprudencial al respecto «**Cuando se acredite la condición de asalariado del familiar, ha de serle reconocida la de trabajador por cuenta ajena.** El Tribunal Constitucional, en sentencias 79/1991 y 2/1992, ya declaró que es contrario al principio de igualdad excluir del ámbito laboral unas relaciones jurídicas por el sólo hecho de ser parientes sus titulares. En el caso enjuiciado la suma de las participaciones sociales de actor y familia cubren el 45 % del capital social, lo que no permite afirmar la existencia de un patrimonio familiar común. No se desvirtúa, por tanto la nota de ajenidad. Se declara probado que el actor trabajó y percibió retribución. Era por tanto trabajador por cuenta ajena y, como tal, estaba protegido de la contingencia de desempleo, de la que no puede ser excluido en base a su parentesco con titulares de la sociedad, o por su titularidad de una mínima parte de las acciones. Del mismo modo, en las presentes actuaciones, no discutida la realidad de la prestación de servicios ni del percibo de una retribución y excediendo ésta, 722,790 euros mensuales, de lo que comúnmente se conoce como 'dinero de bolsillo', o 'paga semanal' nombres con los que se designa a las cantidades proporcionadas a los hijos dependientes para los pequeños gastos fuera de casa, queda acreditada la condición de asalariado del demandante rompiendo así la presunción de no laboralidad de la relación de quien trabaja, convive y está a cargo del familiar titular de la empresa».

Por lo expuesto,

SOLICITO A ESTA DELEGACIÓN PROVINCIAL DE LA TESORERÍA GENERAL DE LA SEGURIDAD SOCIAL, que se tenga por presentado este escrito junto con los documentos que acompaña y se tenga por formulada **RECLAMACIÓN PREVIA A LA VÍA JURISDICCIONAL SOCIAL CONTRA RESOLUCIÓN NÚM.** [NÚMERO], y, estimándola, dicte nueva resolución por la que, dejando sin efecto el alta de oficio del solicitante en el Régimen Especial de Trabajadores Autónomos, se declare el derecho del mismo a su inclusión en el Régimen General de la Seguridad Social, por ser ello conforme a justicia y derecho.

En [LOCALIDAD], a [DÍA] de [MES] de [AÑO].

[FIRMA]

(1) Prueba sobre la retribución percibida (nóminas, transferencias bancarias, declaraciones de la renta, etc.); alta en el RGSS; pruebas sobre las tareas realizadas, el cumplimiento de un horario y en la existencia de determinadas directrices; otros ingresos fuera del trabajo como asalariado, tributación fiscal, registro horario.

(2) El requisito de la convivencia se erige como la piedra angular que, cumplidos los restantes requisitos, resulta relevante para determinar la existencia de una especial relación y, en su caso dependencia, tal y como resulta del artículo 1.3 e) del Estatuto de los Trabajadores y 12 de la Ley General de la Seguridad Social. (STS n.º 341/2021, de 24 de marzo de 2021, ECLI:ES:TS:2021:1279). Téngase en cuenta que no existe un método fijado por la doctrina o normativa para acreditar la no convivencia a efectos de la existencia de una posible relación laboral ordinaria entre el empresario y el trabajador familiar. Corresponde al juzgado de lo social, en caso de dudas por parte de la entidad gestora o inspección de trabajo, valorar los diversos elementos de prueba que en orden a la acreditación de la convivencia se aporten por las partes al proceso, a fin de establecer la situación real de convivencia.

El padrón en el que consta una vivienda distinta entre el empresario y el trabajador familiar es un medio probatorio, «pero no el único y excluyente». (STSJ de Castilla y León, rec. 1027/2019, de 11 de octubre de 2019, ECLI:ES:TSJCL:2019:4420).

(3) Especificar los motivos de alta de oficio en el régimen especial de autónomos según resolución de la TGSS. Generalmente vendrá precedida de una inspección de trabajo.

(4) STSJ de Aragón, rec. 126/2015, de 16 de marzo de 2015, ECLI:ES:TSJAR:2015:241.

Formulario genérico de demanda para la impugnación de alta de oficio en el Régimen Especial de Trabajadores Autónomos de un familiar del autónomo titular

AL JUZGADO DE LO SOCIAL [NÚM_JUZGADO] **DE** [PROVINCIA]

D./D.ª [NOMBRE_ABOGADO_CLIENTE], letrado en ejercicio del Ilte. Colegio de Abogados de [PROVINCIA], con despacho abierto en [LOCALIDAD], calle [CALLE] n.º [NÚMERO], el cual vengo a designar a efectos de comunicaciones, en nombre y representación de D./D.ª [NOMBRE_CLIENTE], mayor de edad, poseedor del DNI n.º [NIF_CIF_DNI_CLIENTE], y vecino de [LOCALIDAD], con domicilio en [DOMICI-LIO_CLIENTE], conforme acredito con la copia de escritura de poder que al presente se acompaña, y que una vez testimoniada suficientemente en los autos solicito me sea devuelta por necesitarla para otros usos, ante el JUZGADO DE LO SOCIAL comparezco y como mejor proceda en derecho,

DIGO

Que por medio del presente escrito, vengo a interponer **demanda de impugnación de alta de oficio en el Régimen Especial de Trabajadores Autónomos** contra la TESORERÍA GENERAL DE LA SEGURIDAD SOCIAL, con domicilio en [DOMICILIO], demanda que apoyo en los siguientes,

HECHOS

PRIMERO.- D./D.ª [NOMBRE_PERSONA_TRABAJADORA], mayor de edad, es [IN-DICAR PARENTESCO] de D./D.ª [NOMBRE_PERSONA_EMPLEADORA] titular de la empresa [NOMBRE_EMPRESA] — CIF [NÚMERO] y cuenta de cotización n.º [NÚME-RO]— para la que viene prestando servicios mediante un contrato laboral [TIPO] des-de el pasado [FECHA] con la categoría profesional de [CATEGORÍA PROFESIONAL] sujeto a las condiciones pactadas en el [CONVENIO_COLECTIVO_APLICABLE].

El trabajador no convive con D./D.ª [NOMBRE_PERSONA_EMPLEADORA].

A mi mandante, D./D.ª [NOMBRE_PERSONA_EMPLEADORA] le abonaba un sala-rio mensual de [CANTIDAD] euros mediante transferencia bancaria y le entrega las nóminas correspondientes.

Del mismo modo, al igual que al resto de compañeros en [NOMBRE_EMPRESA], su jornada laboral se registra diariamente en documento de control horario.

Como pruebas de la realización de trabajo por cuenta ajena, de la percepción de retribución y de la realización de un horario se aportan [ESPECIFICAR].

SEGUNDO.- Por resolución de fecha [DÍA] de [MES] de [AÑO], la Tesorería General de la Seguridad Social, acordó la inclusión de oficio del demandante dentro del Régi-men Especial de Trabajadores Autónomos en base a [ESPECIFICAR].

TERCERO.- Entendiendo que el trabajador desarrolla su actividad para la empresa [NOMBRE_EMPRESA], en virtud de un contrato de [ESPECIFICAR] de carácter indefinido, desempeñando sus funciones en el centro de trabajo que la empresa tiene en la localidad de [LOCALIDAD] y adscrito a la sección de [ESPECIFICAR], ello supone que reúne todos los requisitos para ser incluido dentro del Régimen General de la Seguridad Social, como trabajador por cuenta ajena, como venía estando incluido hasta la resolución de la Tesorería general anteriormente mencionada.

CUARTO.- Que se interpuso la preceptiva reclamación previa ante la Tesorería General ahora demandada, con fecha [DÍA] de [MES] de [AÑO], la cual fue denegada por resolución de fecha [DÍA] de [MES] de [AÑO].

A los anteriores hechos son de aplicación los siguientes,

FUNDAMENTOS DE DERECHO

I.- COMPETENCIA

La competencia para el conocimiento de esta pretensión la ostenta el Juzgado de lo Social al que nos dirigimos, tanto por razón de la materia y territorio, así como por la condición de los litigantes, pues así lo establecen los artículos 1.2.a), 6 y 10 de la Ley 36/2011, de 10 de octubre, reguladora de la jurisdicción social, que regula el procedimiento impugnatorio de sanciones

II.- CAPACIDAD Y LEGITIMACIÓN

Que mi cliente se encuentra capacitado para comparecer en juicio y goza de la capacidad procesal estipulada en el artículo 16 de la Ley de la Jurisdicción Social, como también se encuentra legitimado conforme al artículo 17 de la Ley de la Jurisdicción Social.

III.- REPRESENTACIÓN

Que mi representado actúa asistido de abogado/a/ graduado/a social, de acuerdo con los artículos 18 y 21 ambos de la Ley de la Jurisdicción Social.

> «Las partes podrán comparecer por sí mismas o conferir su representación a abogado, procurador, graduado social colegiado o cualquier persona que se encuentre en el pleno ejercicio de sus derechos civiles».

IV.- PROCEDIMIENTO

Se seguirán los trámites previstos para el procedimiento ordinario, según lo dispuesto en los artículos. 80 y ss. de la LRJS y en los artículos 151 y siguientes de la LRJS, por ser un procedimiento de Seguridad Social no prestacional.

En lo no expresamente previsto serán de aplicación las normas reguladoras de la jurisdicción contencioso-administrativa, en cuanto sean compatibles con los principios del proceso social.

V.- FONDO DEL ASUNTO

1.º- De conformidad con lo dispuesto en el art. 3.1.e) del Estatuto de los Trabajadores, se excluyen de su ámbito de aplicación, los trabajos familiares, salvo que se demuestre la condición de asalariados de quienes los llevan a cabo.

2.º- El concepto de trabajador por cuenta propia o autónomo se encuentra contenido en el artículo segundo del Decreto 2530/1970, de 20 de agosto, que lo define como «aquel que realiza de forma habitual, personal y directa una actividad económica a título lucrativo, sin sujeción por ella a contrato de trabajo y aunque utilice el servicio remunerado de otra persona». En el mismo sentido el artículo 1.1 de la Ley

20/2007, de 11 de julio, del Estatuto del Trabajo Autónomo, dispone que «La presente ley se aplicará a las personas físicas que realicen de forma habitual, personal, directa, por cuenta propia y fuera del ámbito de dirección y organización de otra persona, una actividad económica o profesional a título lucrativo, den o no ocupación a trabajadores por cuenta ajena», estableciendo el artículo 24 que «La afiliación al sistema de la Seguridad Social es obligatoria para los trabajadores autónomos o por cuenta propia, y única para su vida profesional, sin perjuicio de las altas y bajas en los distintos regímenes que integran el sistema de Seguridad Social, así como de las demás variaciones que puedan producirse con posterioridad a la afiliación».

De la normativa expuesta se deduce que para conceptuar al trabajador por cuenta propia o autónomo, hay que fijarse en la nota de habitualidad, entendida, como señala la STS, rec. 2705/1987, de 2 de diciembre de 1988, ECLI:ES:TS:1988:11525, «no como mera periodicidad, sino en el sentido de que el trabajo personal y directo debe ser cotidianamente la principal actividad productiva que desempeñe el trabajador».

3.º- De conformidad con lo dispuesto en los arts. 305 y 306 del Real Decreto Legislativo 8/2015, de 30 de octubre, por el que se aprueba el texto refundido de la Ley General de la Seguridad Social, estarán obligatoriamente incluidas en el campo de aplicación del Régimen Especial de la Seguridad Social de los Trabajadores por Cuenta Propia o Autónomos las personas físicas mayores de dieciocho años que realicen de forma habitual, personal, directa, por cuenta propia y fuera del ámbito de dirección y organización de otra persona, una actividad económica o profesional a título lucrativo, den o no ocupación a trabajadores por cuenta ajena, en los términos y condiciones que se determinen en esta ley y en sus normas de aplicación y desarrollo. A los efectos de esta ley se declaran expresamente comprendidos en este régimen especial «Quienes ejerzan las funciones de dirección y gerencia que conlleva el desempeño del cargo de consejero o administrador, o presten otros servicios para una sociedad de capital, a título lucrativo y de forma habitual, personal y directa, siempre que posean el control efectivo, directo o indirecto, de aquella. Se entenderá, en todo caso, que se produce tal circunstancia, cuando las acciones o participaciones del trabajador supongan, al menos, la mitad del capital social». Presumiéndose, salvo prueba en contrario, que el trabajador posee el control efectivo de la sociedad cuando concurra alguna de las siguientes circunstancias:

1. Que, al menos, la mitad del capital de la sociedad para la que preste sus servicios esté distribuido entre socios con los que conviva y a quienes se encuentre unido por vínculo conyugal o de parentesco por consanguinidad, afinidad o adopción, hasta el segundo grado.

2. Que su participación en el capital social sea igual o superior a la tercera parte del mismo.

3. Que su participación en el capital social sea igual o superior a la cuarta parte del mismo, si tiene atribuidas funciones de dirección y gerencia de la sociedad.

Correspondiendo a la Administración el deber de demostrar que el trabajador dispone del control efectivo de la sociedad cuando no concurran las circunstancias anteriores.

4.º- El capítulo III del título I del Real Decreto 84/1996, de 26 de enero, por el que se aprueba el Reglamento General sobre inscripción de empresas y afiliación, altas, bajas y variaciones de datos de trabajadores en la Seguridad Social, artículos 21 al 28, reguladores de las normas generales sobre: número de la Seguridad Social, documento de identificación y afiliación de los Trabajadores.

5.º- El capítulo III del título I del Real Decreto 84/1996, de 26 de enero, por el que se aprueba el Reglamento General sobre inscripción de empresas y afiliación, altas, bajas y variaciones de datos de trabajadores en la Seguridad Social, artículos 21 al 28, reguladores de las normas generales sobre: número de la Seguridad Social, documento de identificación y afiliación de los Trabajadores.

6.º- STS, rec. 771/1997, de 25 de noviembre de 1997, ECLI:ES:TS:1997:7104:

«(...) tanto el art. 1.3 e) del ET, como el art. 7.2 de la LGSS, contienen una presunción iuris tantum de no laboralidad de las relaciones de prestación de servicios entre los parientes que enumera. No puede por tanto realizarse una aplicación de dichos preceptos que desnaturalice su esencia de presunción susceptible de prueba en contrario, para transformarla en presunción iuris et de iure. Cuando se acredite la condición de asalariado del familiar, ha de serle reconocida la de trabajador por cuenta ajena. El Tribunal Constitucional, en sentencias 79/1991 y 2/1992, ya declaró que es contrario al principio de igualdad excluir del ámbito laboral unas relaciones jurídicas por el sólo hecho de ser parientes sus titulares».

7.º- STSJ de Madrid n.º 361/2019, de 30 de mayo de 2019, ECLI:ES:TS-JM:2019:3918:

«Es cierto que la Sentencia de la Sala Cuarta del Tribunal Supremo de 29 de Octubre de 1997 (rec. 406/1997), analiza el significado del requisito de habitualidad que el artículo 2.1 del D. 2530/1970 establece para el encuadramiento y afiliación al régimen especial de trabajadores autónomos, y tras señalar que la normativa en la materia no precisa el alcance del requisito de la habitualidad de la actividad económica que se exige al trabajador para su inclusión en el RETA, lo que ha de ser suplido por la jurisprudencia, llega a la conclusión de que el criterio de la cuantía de la retribución es un criterio apto para apreciar el requisito de la habitualidad, y dicho lo anterior, la superación del umbral del salario mínimo percibido en un año natural es un indicador adecuado de la habitualidad. En efecto la mencionada sentencia afirma que «como ha señalado la jurisprudencia contenciosa administrativa (Sentencias del Tribunal Supremo de 21-12-1987 y 2-12-1988), tal requisito (el de la habitualidad) hace referencia a una práctica de la actividad profesional desarrollada no esporádicamente sino con una cierta frecuencia o continuidad. A la hora de precisar ese factor de frecuencia o habitualidad puede parecer más exacto recurrir, en principio, a módulos temporales que, a módulos retributivos, pero las dificultades virtualmente insuperables de concreción y de prueba de las unidades temporales determinantes de la habitualidad han inclinado a los órganos jurisdiccionales a aceptar también como indicio de habitualidad el montante de la retribución. Este recurso al criterio de la cuantía de la remuneración, que por razones obvias resulta de más fácil cómputo y verificación que el tiempo de dedicación, es utilizable, además, teniendo en cuenta el dato de la experiencia que en las actividades de los trabajadores autónomos o por cuenta propia el montante de la retribución guarde normalmente una correlación estrecha con el tiempo de trabajo invertido. A la afirmación anterior debe añadirse que la superación del umbral del salario mínimo percibido en un año natural puede ser un indicador adecuado de habitualidad».

Ahora bien, tal como expresa la Sentencia dictada en fecha 25 de febrero de 2019, Recurso: 389/2018, por la Sala de lo Contencioso Administrativo del Tribunal Superior de Justicia de Asturias, en un asunto igual al presente y en el que cita asimismo una Sentencia dictada por esta misma Sala y Sección «(...) es cierto que la jurisprudencia y la inspección cuando dispone el alta de oficio en el RETA, que suele tomarse como referencia el nivel de retribuciones como indicador para presumir la habitualidad.

Ahora bien, dejemos claro, que se trata de un indicador (no determinante), y que no es el único, pues hay otros factores que pueden confirmar esa habitualidad, tales como el reconocimiento expreso o tácito del propio sujeto afectado».

Como se ha precisado por la **STSJ de Madrid de 30 de mayo de 2018 (rec. 322/2017)**: «El criterio del montante de la retribución a que se refieren las Sentencias de la Sala de lo Social del Tribunal Supremo citadas por el recurrente y en que básicamente fundamenta su recurso, entendemos que es un indicativo de la habitualidad pero no necesariamente el único ni excluyente de otros criterios, ya que el montante de los ingresos no determina nunca la inclusión o exclusión en el RETA, no cabiendo la baja en el RETA por pérdidas o por tener ingresos inferiores al salario mínimo, siendo lo que las Sentencias expresan que la superación del salario mínimo anual en la retribución «puede ser un indicador adecuado de habitualidad», «puede revelar en su aplicación al trabajo por cuenta propia, una cierta permanencia y continuidad (...)». En definitiva, nada impide la valoración global y circunstanciada, sin necesidad de estar ligado a la fuerza probatoria exclusiva y determinante o excluyente del solitario dato retributivo.

En suma, tal criterio retributivo tiene sentido y utilidad cuando se dispone el alta de oficio respecto de quien no está dado de alta en el sistema en régimen alguno y donde la carga de la prueba la tiene la administración actuante que podrá considerar indicador relevante del nivel de ingresos. En cambio, tal criterio retributivo no es preciso cuando el propio sujeto afectado de forma expresa cuenta con alta voluntaria y conforme en otro régimen distinto, como es el Régimen General de la Seguridad Social, lo que encierra su admisión de que su labor es estable y habitual, y merecedora de protección social (ello sin perjuicio de que tal alta en el Régimen General no sea la procedente, sino como es el caso, en el RETA)».

Por lo expuesto,

SOLICITO AL JUZGADO DE LO SOCIAL:

Que habiendo por presentado este escrito con sus copias y documentos adjuntos, tenga por interpuesta en tiempo y forma demanda de **AFILIACIÓN AL RÉGIMEN ESPECIAL DE TRABAJADORES AUTÓNOMOS**, contra la TESORERÍA GENERAL DE LA SEGURIDAD SOCIAL, demanda se sirva admitirla y acuerde señalar día y hora para la celebración del acto del juicio, y tras de éste y de los demás trámites oportunos, incluido el de recibimiento del pleito a prueba que expresamente se solicita, desde este momento, concluir dictando sentencia por la que con estimación de la demanda dicte sentencia por la que dejando sin efecto el acta de oficio del solicitante en el Régimen Especial de Trabajadores Autónomos, declare el derecho del mismo a su inclusión en el régimen General de la Seguridad Social, condenando a la Tesorería General de la Seguridad Social a estar y pasar por dicha declaración, por ser ello conforme a justicia y derecho.

En [PROVINCIA], a [FECHA]

[FIRMA]

PRIMER OTROSI DIGO: en la celebración de la vista del juicio, comparecerá el letrado que encabeza la presente demanda, en representación del demandante, designando a efecto de notificaciones el domicilio ya expresado en el encabezamiento de la presente demanda.

SUPLICO AL JUZGADO DE LO SOCIAL:

Que tenga por hecha dicha manifestación, siendo justicia que reitero.

SEGUNDO OTROSI DIGO: sin perjuicio de la prueba que sea propuesta en el acto del juicio, interesa a esta parte que se practiquen los siguientes medios de prueba:

- DOCUMENTAL, consistente en que se requiera al Instituto Nacional de la Seguridad Social, a fin de que aporte a los autos, el expediente administrativo original o copia del mismo, en el plazo de diez días.

SUPLICO AL JUZGADO DE LO SOCIAL:

Que teniendo por solicitada la prueba propuesta, se sirva admitirla y ordene cuanto sea necesario para llevar a efecto su práctica siendo justicia que reitero.

En [PROVINCIA], a [FECHA]

[FIRMA]

Modelo genérico de contrato de carácter mercantil de prestación de servicios como autónomo colaborador familiar

En [LOCALIDAD], a [DÍA] de [MES] de [AÑO].

REUNIDOS

De una parte, D./D.ª [NOMBRE], mayor de edad, soltero/casado, con domicilio en la calle [CALLE], titular del NIF [NIF] y en representación de [ESPECIFICAR];

y de otra parte, D./D.ª [NOMBRE], asimismo mayor de edad, soltero/casado, con NIF [NIF] y vecino de [LOCALIDAD] donde tiene su domicilio en la Calle [DOMICILIO], en su propio nombre

Se reconocen los reunidos con la capacidad civil necesaria para contratar y obligarse y, en especial, para otorgar el presente documento; y a tal efecto, actuando ambos en su propio nombre y derecho, de su concorde voluntad, dicen y pactan cuanto a continuación se relaciona:

I.- D./D.ª [NOMBRE] está interesado en la contratación de los servicios de un [ESPECIFICAR], a fin de [DESCRIPCIÓN].

II.- D./D.ª [NOMBRE_AUTÓNOMO_COLABORADOR] profesional de [LOCALIDAD], cualificado para la prestación de los servicios que interesan a D./D.ª [NOMBRE], está interesado en llevar a cabo las correspondientes gestiones; y a tal efecto ambas partes formalizan el presente **CONTRATO DE PRESTACIÓN DE SERVICIOS** [ESPECIFICAR], en base a las siguientes,

ESTIPULACIONES

PRIMERA.- D./D.ª [NOMBRE_AUTÓNOMO_COLABORADOR] prestará sus servicios a D./D.ª [NOMBRE], consistentes en [ESPECIFICAR]; en tal sentido, se obliga a desarrollar dicha labor con diligencia y atención propia de su condición profesional.

SEGUNDA.- Los honorarios correspondientes a los servicios objeto del presente contrato serán satisfechos con arreglo a los siguientes criterios: [ESPECIFICAR] **(1)**

a) Sueldo Base Mensual... [ESPECIFICAR] euros.

b) Complemento de atención continuada... [ESPECIFICAR] euros.

c) [ESPECIFICAR].

TERCERA.- D./D.ª [NOMBRE] se obliga desde este momento a facilitar a D./D.ª [NOMBRE_AUTÓNOMO_COLABORADOR] cuanta documentación y antecedentes se encuentren a su disposición, a fin de facilitar la tramitación de las gestiones encomendadas.

CUARTA.- La duración del presente contrato será de [ESPECIFICAR] renovable por iguales períodos durante [ESPECIFICAR] y siempre que al final de cada año, D./D.ª [NOMBRE_AUTÓNOMO_COLABORADOR] haya [ESPECIFICAR].

(EN CASO DE NO FIJAR UNA DURACIÓN LIMITADA) - No se fija plazo de duración a la relación, bastando para poner fin a la misma la renuncia de cualquiera de las partes, comunicada de forma fehaciente con una antelación mínima de treinta días.

(EN CASO DE QUERER ESTABLECER SUPUESTOS DE EXTINCIÓN) - El presente contrato se extinguirá: [ESPECIFICAR].

QUINTA.- La prestación de servicios será de [ESPECIFICAR] horas anuales en régimen de [ESPECIFICAR], sin que la jornada ordinaria pueda exceder de [ESPECIFICAR] horas semanales de promedio en cómputo semestral **(2)**. Dicha prestación de servicios será incompatible con la realización de cualquier otra actividad pública o privada. **(3)**

Las horas que se realicen en concepto de [ESPECIFICAR] se remunerarán de la siguiente manera: [ESPECIFICAR]. **(4)**

SEXTA.- -EN CASO DE QUERER ESTABLECER SUPUESTOS DE SUSPENSIÓN- Excepcionalmente el presente contrato podrá suspenderse por las causas previstas en el artículo 45.1 del Real Decreto Legislativo 2/2015, de 23 de octubre, por el que se aprueba el Texto Refundido del Estatuto de los Trabajadores, excepto [ESPECIFICAR] **(5)**. Igualmente podrá suspenderse por las excedencias establecidas en el artículo 46 del Real Decreto Legislativo 2/2015, de 23 de octubre, con exclusión de la excedencia prevista para [ESPECIFICAR]. **(6)**.

SÉPTIMA.- El/la trabajador/a disfrutará de las fiestas, permisos y vacaciones conforme a lo regulado en el artículo 37 y 38 del Estatuto de los Trabajadores. **(7)**

OCTAVA.- Para lo no previsto en el clausulado de este contrato será de aplicación lo establecido en [ESPECIFICAR] **(8)**, y las normas por las que se trasponga al ordenamiento jurídico español, por lo previsto en la normativa que regula el régimen de organización y funcionamiento de las instituciones sanitarias en las que se presten servicios y supletoriamente, por lo establecido en el Estatuto de los Trabajadores.

NOVENA.- Cualesquiera discrepancias que surjan durante la vigencia del presente contrato, serán resueltas por los juzgados y tribunales de [ESPECIFICAR].

Y para que así conste, se extiende el presente documento por duplicado ejemplar, que es firmado por los comparecientes en prueba de conformidad y señal de cumplimiento.

D./D.ª [NOMBRE_AUTÓNOMO_COLABORADOR]	D./D.ª [NOMBRE_AUTÓNOMO_TITULAR]
[FIRMA_AUTÓNOMO_COLABORADOR]	[FIRMA_AUTÓNOMO_TITULAR]

---

(1) Como ejemplo: Un salario mensual de [NÚMERO] euros y dos pagas extraordinarias que se devengarán semestralmente, en los meses de junio y diciembre, abonándose junto al salario correspondiente a dichos meses. El importe de cada una de ellas será, como mínimo, de una mensualidad del sueldo. Si se desea puede consignarse que la remuneración se rija por lo estipulado en algún Convenio Colectivo.

(2) Todo ello sin perjuicio de lo acordado en el convenio colectivo en caso de que se decida su aplicación.

(3) Sólo en caso de que se quiera instaurar un régimen de exclusividad en la prestación de servicios.

(4) Especificar horas sobre la jornada, de presencia, de toma y deje, etc.

(5) Especificar si se desea que no opere alguno de los motivos de suspensión del art. 45 del ET.

(6) Especificar si se desea que no opere alguno de los motivos de excedencia del art. 46 del ET.

(7) Si se desea puede consignarse que las vacaciones se rijan por lo estipulado en algún Convenio Colectivo.

(8) Especificar cualquier normativa que afecte de forma específica la sector en el que se prestarán servicios.